86세대 민주주의

86세대 민주주의

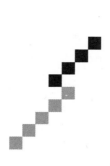

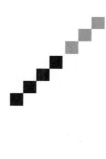

민주화운동과 주사파 권력의 기원

민경우 지음

인문공간

목차

제2부
대중 운동, 거리의 전사들

제3부

조직, 정치적 권위는 '한민전'

제4부
민주화 운동과
주체사상

제5부

산업화와 민주화, 현대사의 두 서사〔敍事〕

586세대 '민주화운동'의 정직한 복원기
주사파 민주주의 기원, 2030세대 미래 이해서

나는 1965년 서울에서 태어났으며, 서울대 국사학과 84학번이다. 1987년 6월 민주화운동 당시 나는 인문대 학생회장이었다. 1995-2005년 정도까지 범민련 남측본부 사무처장을 지냈고, 3번의 수감으로 4년간 감옥살이를 했다. 2012년 무렵 나는 진보운동에서 더 할 일이 없겠다는 판단으로 민주화운동을 접었다. 2012년 이후부터 수학 선생으로 살고 있다.

2019년 조국사태(曹國事態)[1]가 터지면서 많은 것이 달라졌다. 내가 살아온 인생에 대해 전혀 다른 각도에서 세계를 바라보게 되었

---

[1] 2019년 8월 9일 조국이 대한민국 법무부 장관 후보로 지명된 이후 제기된 여러 논란으로 발생한 사건.

다. 2020년부터는 중도 성향의 시민단체인 미래대안행동(미대행)에 참여하여 이전과는 다른 방향에서 사회운동을 하고 있다.

《86세대의 민주주의-민주화운동과 주사파 권력의 기원》을 쓰게 된 첫 번째 동기는 조국 사태이다. 나는 생을 마감하는 마지막 순간까지 운동에 대해 생각하고 그것을 위해 싸우다 가는 것을 열망했다. 운동 일선에서 떠나 있을 때에도 힘닿는 만큼 가난한 삶을 돕고 정의의 편에서 서고자 노력했다. 하지만 조국 사태는 모든 것을 갈라놓았다. 어느 집단이든 문제가 있을 수 있다. 그러나 그들은 자신은 애초부터 잘못이 없다고 강변한다. 같은 해 '서초동 촛불집회'라는 게 있었다. 나와 운동을 함께 했던 동료들이 이 집회에 참여했고, 자신들도 조국을 옹호한다고 말하곤 했다.

나는 30년 이상 민주화운동을 해왔다. 그 기간 동안 얻어맞기도 하고 경제적 어려움에 놓이기도 했다. 그러나 나와 우리가 정의와 민중의 편에 서 있음을 자랑스럽게 생각해왔다. 하지만 조국 사태는 내가 운동권에 대해 가져왔던 긍지와 믿음을 송두리째 뒤흔들어 놓았다. 조국에 이어 2020년 정의연의 윤미향 사태, 2021년 한명숙 전 총리 모해위증 교사 의혹 사태 등이 터져 나왔다. 나는 이런 일련의 사태를 받아들일 수 없었다. 조국과 윤미향을 긍정하는 일련의 경향과 사조(思潮)에 맞서 싸워야 한다는 생각에 이르렀다. 민주화운동은 이들을 만든 토양이다. 나는 이 책을 통해 조국, 윤미향, 한명숙 등 우리사회 운동권의 실체를 밝히고자 한다.

과거를 정직하게 복원하기 위함
민주화운동은 한민전의 올바른 이해부터

두 번째는 과거를 정직하게 기록하기 위해서다. 한 번은 내가 가르치는 학생들이 내가 인문대 학생회장을 지낸 것을 알고 그 시절에 대해 물었다. 그들은 자신을 가르치는 선생이 민주화 운동을 했다는 사실을 자랑스럽게 생각하는 듯 했다. 그러나 그들의 생각은 다분히 과장되어 있었다. 민주화 운동을 기록하는 영화나 소설 등 문화 매체를 볼 때마다, 그것이 창작물에 가깝다는 느낌을 받을 때가 있는데, 위 경우에도 같은 맥락이다.

대표적인 것이 한민전(한국민족민주전선)이다. 한민전은 1985년 7월, 통일혁명당(통혁당) 후신으로 만들어졌다고 주장한다. 1987년 6월 민주화운동을 상징하는 조직이 한민전이다. 한민전은 황해도 해주에 자리 잡은 북한의 선전 도구로, 라디오방송을 송출했다. 불행하게도 1980년대 후반에서 1990년대 초반 학생 운동을 했던 학생들 상당수가 여기에 빠져들었다. 한민전을 빼놓고는 민주화 운동사를 온전히 복원할 수 없다.

1990년대라면 한민전을 들쳐 내는 것이 조심스러울 수 있다. 자칫 보수 세력의 공격에 받을 수 있기 때문이다. 그러나 이제는 사실을 드러낼 때가 되었다. 사실이 은폐되어 과거가 왜곡되는 것의 폐해가 너무 크기 때문이다.

민주화운동의 은폐 문제점
활동의 과장과 독점이 도사려

민주화운동을 마냥 은폐할 때 드러나는 문제점은 다음과 같다. 먼저 민주화운동을 반복적으로 들먹임으로써 자신들의 활동을 과장하고 독점하려는 집단이 있다. 현재 집권 정당(더불어민주당) 언저리에 있는 유력 정치인들의 민주화운동 경력은 실상 보잘 것 없다. 그들 대부분은 민주화운동 어느 시점에 운동을 그만두고 정치에 입문했기 때문이다. 반면 그들 모두는 민주화운동의 기억을 의도적으로 과장하고 그것을 반복해 추억하려 한다. 어느 사회나 주변부에 있던 사람들이 목소리가 큰 법이다. 민주화운동은 수많은 사람들의 참여와 노력에 의해 성취된 것이다. 민주화운동의 진실을 정직하게 드러냄으로써, 일부 세력이 민주화운동의 성과를 왜곡하고 편취하는 것을 막아야 한다.

다음으로는 민주화운동의 정직한 복원이 이루어지지 않으면서 더 많은 문제가 발생하고 있기 때문이다. 민주화운동은 1980년대 중 후반 정점에 이르렀다. 당시 민주화운동은 민주화운동이라는 하나의 측면과 NL(민족해방)과 PD(민중 민주), 맑스레닌주의와 주체사상 등 급진 이념과 연결된 또 다른 측면을 함께 갖고 있었다.

그들은 자신들이 했던 민주화운동은 맑스레닌주의, 주체사상과 무관한 순수한 민주화운동인 것처럼 주장한다. 일단 그것 자체가 사실이 아니다. 그들 절대 다수는 레닌주의였거나 주사파였다. 그들은 제도권에 진입하여 자신들의 학창 시절을 변호하는 과정에서 그들이 한때 레닌주의자였거나 주사파였다는 사실을 의도적으로 회피하거나 망각하고 있다.

민주화운동의 이면에는
맑스레닌주의와 주체 사상

사상이란 오묘한 것이다. 사상을 진정으로 넘어서기 위해서는 정직하게 그것과 대면하고 그것과 맞서 싸워야 한다. 마치 친일파가 애써 그들의 과거를 잊으려 하는 것과 같이 청년 시절을 망각하려는 과정에서 외견상으로는 주사파였다는 사실이 흐릿해진 반면, 내면적으로는 주사파적 감수성을 여전히 유지하고 있는 위태로운 이중적 상황에 놓여 있다. 부동산, 에너지, 남북관계 등에서 '문재인 정부가 지극히 복고적이고 운동권스러운' 이유가 여기에 있다.

2021년 386세대(586세대)의 민주화 시대를 넘어서려는 움직임들이 꿈틀대고 있다. 나는 진심으로 새로운 시대의 도래를 염원한다. 특히 20-30대 청년들의 동향에 주목한다. 어느 시대든 청년층이 새로운 시대의 요구를 걸고 미래를 위해 싸울 때 밝은 전망이 열린다. 새로운 시대가 태동하기 위해서는 낡은 시대를 파괴해야 한다. 나는 386이 전하는 상투적인 레토릭(정치적 수사)이 아니라,

20-30대가 말하는 민주화 시대에 대한 새로운 스토리를 기대한다. 그 과정에서 이 책이 작은 역할을 해주었으면 한다.

《86세대의 민주주의-민주화운동과 주사파 권력의 기원》은 특별히 주사파 운동권 이야기를 전체적으로 조망하는 책이다. 책을 쓰다 보니, 1980-1990년대 약 20년 사이의 기간이 중심이 되었다. 책을 쓰면서 2000년 이후 이야기를 써야할 필요성을 느낀다. 2000-2020년 약 20년에 걸친 이야기는 2권에서 다룰 것을 기약할까 한다.

이 책의 출판을 계기로 민주화운동을 회고, 기록, 평가하는 민간 연구소를 설립해 보려고 준비 중이다. 공공의 차원에서 해야 한다고 보지만 현 시점에서는 민주화운동기념사업회 등 공적인 기관이 그런 역할을 하기는 어렵다고 본다. 그들 모두가 민주화 시대에 너무 깊이 빠져있고, 민주화운동에서 이익을 취하려는 사람들과 이해관계를 같이하고 있는 까닭이다. 언젠가는 공공기관이 그런 역할을 해야 한다. 필자가 만들고자 하는 연구소는 그 과정의 작은 징검다리 정도가 되는 것으로 족하다.

우리 모두는 자신의 시대에 깊이 포박되어 있다. 자신의 시대를 넘어서 역사가 흘러가는 모습을 정직하게 조망하는 것은 쉽지 않은 일이다. 민주화 시대가 한계를 드러내고 있는 시점에 그에 헌신했던 사람들의 용기 있는 노력이 절실하다고 본다. 민주화 시대를 정직하게 회고하고 그것을 비판적으로 넘어서는 일에 관심 있는 분들은 참여해 주기를 당부한다.

이 책을 쓰는데 도움을 주신 분들을 소개할 차례이다. 나는 2021년 초 〈유재일의 유튜브〉에서 [뀐수다] 프로그램을 진행한 바 있다. 이 프로그램 출연에서 이 책을 쓰게 되는 직접적인 영감과 조언을 얻었다. 유재일 씨에게 감사의 인사를 전한다. 미대행 활동가들에게 각별한 감사의 인사를 전한다. 특별히 김유진 선생님에게 감사를 전한다. 김유진 선생님은 2010년 내가 주사파와 멀어지고 수학 선생, 미대행 활동가로 살아가는 전 여정에서 각별한 도움을 주었다.

끝으로 이 책을 쓰는 과정에서 장기표, 김영환, 구해우 등으로부터 도움을 받았다. 본문에 기록된 여러 사실들은 내가 알고 있는 것 중 일부이다. 나와 경험을 공유하고 있는 사람들이 있을 경우, 그들이 어떻게 판단할지 알 수 없는 부분은 기록하지 않았다. 또 이 책의 몇 장은 필자가 〈신동아〉에 게재했던 글들을 거의 그대로 실었고 본문에 있는 이름에는 존칭을 달지 않았음을 밝혀 둔다.

2021년 6월 21일

민경우

제1부
전개 과정, 고난의 꽃봉오리

1

85-89, 학생운동 절정기의 전학련과 삼민투[2]
_5월 투쟁의 정점, '미문화원 점거투쟁'

1.

1970년대 서울대 학생 운동사를 잘 알 수 있는 책이 있다. 서울대의 유력 서클인 농촌법학회는 50주년을 맞은 2012년 《고난의 꽃봉오리가 되다》라는 책을 발간했다. 이 책에는 학번별 회원 명단을 수록하고 있다. 농촌법학회 회원은 1970년대 초중반에는 5-10명 수준이었고, 1970년대 중반을 거치며 10명 후반 정도로 늘어난다. 1980년대가 되면 20명 정도에 이른다. 한마디로 숫자가 적다.

1970년대와 1980년대의 결정적인 차이는 1970년대는 서클 단위로 학생운동권이 고립되어 있었다면, 1980년대에는 졸업정원제

---

2 삼민투(三民鬪). 1985년 4월에 조직된 전국 학생 총연합의 산하 조직. 민족 통일·민주 쟁취·민중 해방 이념의 구현을 행동 목표로 하는 상설 투쟁 조직이다.

로 학생 수가 크게 늘어나 운동권의 숫자도 늘어나고, 이들이 학과나 단과대학을 매개로 확장된다는 점이다. 또 다른 점은 감수성의 차이다. 1970년대 학생들은 지식인의 사회적 책임을 강조했다. 그들은 출세할 수 있지만 사회적 책임에 따라 기득권을 버리고 사회 참여를 한다는 의식에 기반했다. 반면 1980년대가 되면 학생들은 자신들을 혁명가로 자임하게 된다.

1980년대 초중반 대학가에는 일촉즉발의 분위기가 형성되어 있었다. 너무 많았고 전두환 정권과 일전을 치르겠다는 의지로 충만한 학생들이 적지 않았다.

위의 책《고난의 꽃봉오리가 되다》에 따르면 "대중 시위를 조직할 때 단과대별로 동원 체계를 마련했다. 사회대 핵심은 150-400명, 법대가 100-200명, 인문대 150-250명, 사대 100-200명, 자연대 100-200명, 공대 150-300명" 정도였다고 한다. 이에 따르면 750-1,350명 정도 된다.

필자는 84학번이다. 1985-1986년 거의 1주일에 2-3번에 걸친 시위 동원이 있었다. 주1회 교문 싸움, 선전전, 가두 투쟁 정도는 기본이었다. 덕분에 수업에 빠지는 경우가 많았고 시험을 제대로 보기 어려웠다. 따라서 2-3학년이 되면 직업적 운동가를 지향하는 사람들만 남게 되었다.

이 관점에서 보면 조국(전 법무부 장관)은 운동권이 아니다.《강철서신》을 쓴 김영환(서울대 82학번)은 "(조국에 대해) 운동권 6두품

전학련과 삼민투. 全學聯(전학련)·三民鬪(삼민투)가 결성된 뒤 연세대에서 2,000여 명의 학생들이 시위를 벌이고 있다. 전학련 복구 및 삼민투 결성식을 끝낸 학생들이 교문 밖으로 나가려하자, 기동경찰이 교문 내에 100m가량 진입해 페퍼포그(페퍼포그는 고추를 의미하는 Pepper(페퍼)와 안개를 발사하는 차량을 뜻하는 Fogger(포거)를 합친 말이며, 정식 명칭은 가스차)를 쏘고 있다. 1985년 9월 24일 연세대 정문. 동아DB

에도 안 들어간다.”고 밝힌 적이 있다. 1980년대 중반 서울대는 운동권에 대해 우호적인 분위기가 폭넓게 형성되어 있었다. 따라서 비운동권이라도 운동권과 유사한 생각과 감정을 갖는 사람이 많았다. 그러나 운동권은 어느 정도 폐쇄적이었다.

가두 시위가 있는 날이면 서울대 녹두거리에 시위에 참가했다 살아 돌아온 학생들이 선술집에서 노래를 부르며 회포를 풀곤 했다. 우리는 라면에 막걸리를 나눠 마시며 몇 시간에 걸쳐 노래를 불렀다. 1980년대 중반 기준으로 보면 여기에 합류한 학생을 운동권으로 분류한다.

교문싸움이나 선전전은 별 게 없지만 가두시위 과정에서는 연행되는 과정에서 심각한 문제가 벌어질 가능성이 컸다. 연행 과정에서 일상적인 구타가 있었고, 경찰서에 연행되면 기합이 있었다. 발 굽혀 펴기, 깍지 끼고 일어나 앉았다 하기 등인데 육체적인 고통도 문제였지만 동년배의 전경에게 그런 대접을 받는 것은 상당히 치욕적이었다. 그렇게 유치장에 있다 훈방되면 그나마 나은 편이지만 사안이 중하면 며칠간 구류(拘留, 1일 이상 30일 미만 기간 동안 교도소 또는 유치장에 구치하는 형법)를 살 수도 있었다.

동원 규모는 위와 같은 문제를 감당할 각오가 있는 학생 규모를 뜻한다. 그 규모가 1,000명 규모라는 것은 상당한 숫자를 의미했다. 한마디로 1985-1986년 서울대는 거의 매일 크고 작은 시위로 들끓었다.

2.

1980년 5·18 이후 1983년까지는 전투경찰들이 학교에 상주했다. 1984년 초 학원 자율화조치로 학내에서 경찰 병력이 철수하면서 학내 활동은 비교적 자유로웠다. 이를 계기로 학생운동이 급성장하기 시작한다.

1984년 초반기는 학생운동의 관망기이다. 학생들은 학원 자율화 조치가 얼마나 지속될지 확신이 없었던 것 같다. 학생회를 건설하는 것은 자칫 탄압을 부를 수 있었다. 1학기가 지나고 2학기를 지나면서 학원 자율화 조치가 쉽게 무너지지 않는, 나름 안정된 정치 공간이라는 생각이 확산되었다.

1984년 2학기 서울대, 연·고대를 중심으로 학생회가 건설되기 시작한다. 서울대는 이정우, 연대는 송영길, 고대는 김영춘 등이다. 1985년 2월 12일 총선에서 양 김 씨가 주도하는 정치세력이 승리했다. 이를 배경으로 1985년 1학기 학생운동의 대공세가 시작된다.

총학생회 라인업은 서울대 김민석, 연대 정태근, 고대 허인회 등이다. 이들은 단위 학교에 머물지 않고 연합기구를 만들었는데 그것이 전국학생연합, 전학련이다. 학생들은 학생회와 별도로 효율적이고 공세적인 투쟁을 할 기구를 별도로 두는데 그것이 삼민투이다. 함운경이 서울대 삼민투 위원장으로 서울 미문화원 점거 농성 사건을 주도한다.

3.

1985년 5·18 축제가 있었다. 서울대 학생 5,000명 정도가 교문 투쟁에 참여했다. 무려 4-5시간 동안 싸움이 이어졌다. 나도 2학년으로 축제와 교문 싸움으로 이어지는 일정을 모두 소화했다. 나는 나름 5·18의 의미를 새기며 경건하게 투쟁에 참가했다. 운동권으로 분류되기 어려운 학생들도 많이 참가했다. 이들 중에는 말없이 공부만 하던 83학번 과 선배 ○○○도 있었다. 선배가 뭐라도 하고 싶

1985년 미문화원 점거 농성.
1985년 5월 24일 밤 서울 미국 문화
원 점거 농성을 주도한 학생대표인
서울대 삼민투 함운경 위원장이 문
화원 뒤편 2층 창문틀에 올라서 기
자들의 물음에 대답하고 있다. 동아
DB

었다고 겸연쩍게 말하던 장면이 기억에 선하다.

5월 투쟁의 정점은 '미문화원 점거 투쟁'이다. 서울대 삼민투 위
원장 함운경을 비롯한 서울지역 대학생 72명이 서울 미문화원을 점
거한 뒤, 3일 후 자진 해산한 사건이다. 학생들은 5·18 과정에서 미
국의 사과와 책임을 요구했다. 창틀에 기대어 자신의 입장을 설명
하는 함운경의 모습을 지금도 잊을 수 없다.

나는 농성 2일째 또는 3일째 농성을 지지하는 가두시위에 참가

했다. 시위는 5분을 넘지 않고 끝났지만 집에 오는 내내 나는 감당하기 어려운 정신적인 중압감에 시달렸다. 내가 참여하는 시위가 반정부 투쟁을 넘어 미국을 반대한다고 느꼈기 때문이다. 미국 문화원 농성시위는 내가 반미주의자 또는 주사파가 된 또 다른 계기이다.

4.

1984-1985년에 정점에 이른 학생운동의 '어떤 시기'는 1970년대 반유신 투쟁에서 축적된 학생운동 역량의 분출처럼 보인다. 그것은 서울의 주요 대학을 중심으로 펼쳐졌다. 서울대가 중심이었고 5·18 이후 학생운동 역량이 급격히 발전하면서 연대와 고대가 뒤를 따랐다. 지방에서는 전남대와 부산대이다. 특히 5·18의 직접적인 영향을 받은 전남대는 서울 지역 대학과는 또 다른 차원의 감수성을 보여준다.

특기할만한 것은 성균관대이다. 1984-1985년 서울지역 대학을 구분하면 서울대-연대-고대-성대로 나눌 수 있다. 반면 1990년대가 되면 성대 학생운동 역량은 급격히 위축된다. 그것은 성대가 CA(제헌의회파)의 아성이기 때문이다. 서울미문화원 사건에 참가한 학교는 서울대, 연대, 고대, 성대, 서강대로 한양대가 없다. 이후 성대를 한양대가 대체하는데 전대협-한총련 운동사에서 한양대의 역할이 워낙 크기 때문에 이를 기억해 둘 필요가 있다.

1985년 투쟁을 장악했던 이념은 맑스레닌주의와 삼민이다. 삼민은 민주·민족·민중의 앞머리를 딴 것이다. 특징은 자신들이 하는 투쟁이 단순히 민주주의를 실현하는 것이 아니라, 그보다 더 본질적인 무엇으로 본 것이다. 민주주의에 민족·민중이 결합된 이유가 거기에 있다. 반면 민주와 민족·민중과의 관계를 체계적으로 설명할 수 없는 상태였다.

1985년 당시 나는 2학년이었다. 82학번 선배들이 연설하는 과정에서 비슷한 느낌을 받았다. 그들은 연설 과정에서 민주·민중·민족이라는 단어를 사용했지만, 각각 유기적으로 연결되어 있지 않았다. 삼민이라는 이름 또한 학생들이 붙여준 이름이라기보다는 편의적으로 지어진 이름이다. 그 만큼 이념과 노선의 일관성이 미약했다.

삼민은 훗날 주사의 자민통(자주민주통일)으로 대체된다. 삼민은 그냥 세 가지 이념을 나열한 것이라면 자민통은 반미자주화를 주선으로 반독재 민주화 투쟁과 조국 통일운동이 유기적으로 결합한다는 식으로 연결되었다.

자민통은 북한이 고안한 개념이다. 1986-1987년 학생운동권에서 자민통이라는 개념이 등장하자 공안기관은 학생 운동권에 북한의 영향을 받는 정치세력이 등장했다는 것을 직감한 것 같다. 1987년 집시법 위반으로 구속되었을 때 담당 형사와 그와 유사한 대화를 나눴던 기억이 난다.

6.

1985년 1차 격돌이 끝났고 1985년 휴지기를 거쳐 1986년이 시작되었다. 삼민이 갖고 있었던 애매함을 극복하기 위한 격렬한 시도가 있었다. 그 결과 1986년 NL(민족해방)과 CA(제헌의회, ND)로 정립되었다.

NL을 주도했던 세력은 서울대이다. 서울대 구학련은 서울대 83학번, 84학번들이 중심이었다. 1980년대 초반 학생운동은 대체로 4학년이 중심이다. 86년이라면 83학번들이 운동을 주도하는 형국이다. 서울대의 경우 82, 83학번의 경우 4학년 시점에 직업적인 운동가만 해도 수 백 명에 가까웠다. 구학련은 주로 83학번과 84학번들로 구성되어 있었다.

구학련은 충격적인 방식으로 반미 투쟁을 전면화했다. 충격적이었던 만큼 학생회와 서클 등 대중조직들을 끌어들이기 어려웠다. 사실 내가 그랬다. 나도 동료의 권유로 구학련에 아주 잠깐 가입했다. 나는 수 십 명이 참가한 구학련 모임, 3-4명 참여했던 소모임에 참가한 바 있다. 1986년 4월쯤 되는 어느 날 아침 수 십 명의 84학번 학생들이 자연대 강의실에 모였다. 보안을 강조하기는 했지만, 대충 누가 참여했는지 알 수 있었다. 잘 아는 친구 둘이 단상에 올라 가벼운 토론을 벌이기도 했다. 모임의 내용이 무엇인지는 잘 기억이 나지 않는다. 무서웠던 것은 모임의 형식이었다. 모임은 특별히 형식을 강조했다. 눈을 감고 묵념을 하고 선서를 하는 것 등이다.

과격하기는 했지만 자유롭고 친근했던 이전과 달리 일부러 형식을 강조하여 긴장감을 유도했다.

역시 4월의 어느 날 구학련의 신입 회원 또는 예비 회원으로 누군가의 자취방에서 진행된 모임에 참가했다. 나는 미행에 대비하여 주위를 살피며 자취방에 갔고, 모임 시작 전 선서를 했던 것 같다. 모임의 내용은 북한과 직접적으로 관련되어 있었다. 미 문화원 사건과는 또 다른 중압감이 밀려왔다. 나는 바로 모임을 그만 두었다.

구학련은 선진역량을 중심으로 과격한 투쟁으로 일관했다. 덕분에 공안기관에 쉽게 노출되었다. 3학년이었던 86학번은 빠르게 분화되었다. 2학년까지 학생운동의 중심은 과(科)이거나 서클이었다. 1986년을 거치며 NL과 CA 등 정파 조직을 따라 친구들이 이동하기 시작했다. 물고기가 자신을 길러 준 호수를 버리고 풀밭으로 이동하는 형국이었다.

구학련이 붕괴되는 것은 시간 문제였다. 당시에도 친구들로부터 구학련의 운명에 대해 들었던 것 같다. 운명을 직감함 서울대 구학련은 자신의 생각을 타 대학으로 전파하는데 주력했다. 그 결과 매우 빠른 시간에 NL이 전파되었고, 다른 대학의 NL을 합쳐, 1986년 10월 애국학생투쟁연합(애학투련, 이른바 건국대 사건)이 결성된다.

1986년 건대 사건[3]으로 서울대 운동역량은 극적으로 붕괴했다.

---

3 건대 사건. 1986년 10월 28일 서울대·고려대·연세대 등 전국 26개 대학교 학생 2,000여 명이 건국대에 모여 〈전국 반외세반독재 애국학생투쟁연합〉(애학투) 발대식을 벌이다 교내로 진입한 3,000여 명의 경찰에 밀려 본관·사회과학관 등을 점거, 나흘간 철야농성을 벌인 사건.

87년을 책임져야할 84학번들이 거의 모두 구속되었다. 구속되지 않은 구학련 잔당과 구학련에 참가하지 않은 84학번들이 간간이 있었다. 내가 그 중 하나였고 나는 서울대 인문대 학생회장이 된다.

7.

서울대 학생운동은 1987년을 계기로 두 시기로 구분할 수 있다. 1986년 이전 학생운동의 메카는 단연 서울대였다. 반면 서울대 학생운동은 1987년을 경계로, 1988년 이후에는 학생운동 주류에서 이탈한다.

첫째, 탄압의 강도가 현저히 달랐다. 1986년 구학련이 만들어지면서 1987년 운동을 이끌어갈 84학번 운동권 대부분이 구속되었다. 1987년 서울대 총학생회를 건설하는 과정에서 총학생회를 건설할 최소한의 인원 자체가 없었다. 인문대의 경우, 필자인 민경우와 ○○ 두 명 정도가 남아 있었다.

1987년 봄 총학생회를 건설하기 위해 선거를 치러야 했다. 선거당일 학교 전체가 봉쇄되었다. 총학생회장은 전날 학교에 들어와 기숙사에서 잠을 자야 했다. 총학생회가 건설된 후 9시가 되면 우리는 타이프와 전동 복사기를 들고 기숙사 또는 학교를 은밀하게 빠져나갔다.

1987년 6·29 선언 이후 나름 괜찮을 것으로 봤지만 판단 착오였다. 총학생회장은 대낮에 명동 거리에서, 집행부 몇 사람도 학교 안에서부터 추적한 안기부 요원에 의해 연행되었다. 1988년 1학기 총학생회장은 주사파가 아니었음에도 학교에 진입하다 연행되었다.

서울대가 학생운동의 전성기에 개입할 여지가 근원적으로 제약된 것이다 따라서 전대협-한총련 운동에서 서울대가 차지하는 비중은 서울대가 갖고 있는 역량에 비해 많이 떨어진다.

둘째는 상황인식이다. 1987년 이후 학생 사회에서 경향적으로 급진 이념이 퇴조하고 있었다. 서울대 운동권 추이는 이를 민감하게 반영하고 있었다. 1988년이 되면 주사에서 거리를 둔 관악자주파, 1993년 김영삼 정권 출범 이후에는 급진 이념 전체에 의문을 제기하는 사조가 성장하고 있었다.

8.

학생운동의 절정은 1985년과 1989년이다. 1985년 학생운동은 서울대와 연·고대가 주도하고 있었고 운동을 대표하는 조직은 전학련과 삼민투이다. 대표적인 인물은 김민석, 허인회, 송영길, 김영춘 등이고 핵심 의제는 5·18 진상규명이다. 이들은 비교적 조기에 정치권으로 진입하여 현재 민주당의 주류를 차지하고 있다. 이 시기 이념적 성향은 맑스레닌주의나 삼민으로 정리할 수 있다.

또 한 번의 전성기는 1989년이다. 후에 다시 언급하지만, 요약하고 넘어가자. 80년대 후반 운동의 중심은 고려대, 한양대, 전남대이다. 대표 조직은 전대협이지만 내용적으로는 비합법 조직이었던 반미청년회와 자민통 그룹이 중요하다. 대표적인 인물은 이인영, 우상호, 임종석 등으로, 핵심 의제는 조국 통일 운동이다.

2

"거리에 드러눕자" 가두 시위의 변화
_전대협 주역은 반미청년회와 자민통

1.

건대사건(건국대 점거농성사건)을 계기로 학생운동의 중심은 서울대와 연고대에서 고대와 한양대로 넘어간다. 그리고 고대와 한양대를 배경으로 우리가 말하는 전대협이 만들어진다. 기억할 점은 항상 언더(under)를 주목해야 한다는 점이다. 고대와 한양대 시대의 학생운동을 상징하는 조직은 반미청년회와 자민통(자주민주통일) 그룹이다.

1986년 건대사건을 계기로 연대와 고대를 중심으로 변화가 시작된다. 구체적인 변화는 대중노선인데 이에 대해서는 후술한다. 건대사건을 주도했던 그룹이 고대를 중심으로 한 반미청년회이다. 반미청년회는 고대 82학번 조혁, 83학번 안희정이 중심이다. 안희정은 충남지사를 지냈던 바로 그 인물이다.

　1986년 구학련과 CA로 양립되었을 때는 무리한 소규모 화염병 시위가 많았다. 반면 반미청년회가 중심이 되면서 시위는 학내 시위, 그것도 학생들의 권익을 요구하는 싸움들이 많아졌다. 1987년 상반기 거리 가두시위는 거의 없었다. 돌과 화염병 시위에 익숙해 있던 내 입장에서 보면 매우 특이한 일이었다.

　1987년 5월 23일 5월 투쟁의 막이 올랐다. 거리 시위를 두고 서울대와 연고대가 경합했다. 서울대는 폭투를 염두에 두고 있었던 데 반해, 연고대는(내가 볼 때는) 희한한 시위를 염두에 두고 있었다. 종로 거리에서 그냥 드러눕자는 전술이다. 아무 것도 아닌 것 같지만 당시로 보면 놀라운 발상이다. 서울대의 경우 단과대 학생회장들로 이뤄진 운영위원회에서 연고대의 방침에 비판적인 의견이 많았다. 나도 그랬다. 서울대는 을지로 인근에서 전통적인 가두시위를 진행했다.

　결과는 분명했다. 서울대의 시위는 몇 분을 버티지 못하고 맥없이 끝난 반면 연고대의 연좌시위는 상당한 파란을 일으켰다. 이 시위는 매우 유명하다. 6월 민주화 운동을 기록한 다양한 기록물 등에서도 이를 자세히 다루고 있다. 이 사건은 학생운동에 큰 영향을 준 것은 분명하다. 말하자면 서울대와 연고대가 주도했던 시대가 가고 고대와 한양대가 주도하는 새로운 시대를 알리는 신호와 같았다.

2.

전대협이 가능하려면 전국 대학생 운동을 결집하는 정치활동이 이뤄져야 한다. 1974년대 민청학련(전국민주청년학생총연맹사건) 사건[4]도 전국적인 조직임을 자임했지만, 그건 어디까지나 상징적인 수준이었다. 운동 역량이 편중되어 있었고 전국적 통일성도 약했다. 1985년 전학련-삼민투도 그러했다. 전국이라는 이름을 붙였지만 전학련-삼민투는 서울의 주요 대학에 멈춰 있었다.

6월 민주화운동을 계기로 학생운동이 비약적으로 성장했다. 처음으로 시위를 해본 대학도 상당수 있었다. 이제 전국 대학을 규합하면 된다. 이를 가능케 한 것이 한민전과 정치조직들이다. 한민전은 전국적 통일성을 위한 콘텐츠를 제공했다. 이에 대해서는 후술한다. 주요 대학을 중심으로 한민전의 지침을 수용하는 정치조직들이 활발하게 움직였다.

주요 조직을 나열하면 서울대 구학련과 관악자주파, 연대 중심의 조통그룹, 고대 중심의 반미청년회, 고대와 외대 등 서울지역 대학 중심의 자민통 그룹, 새벽그룹 등을 들 수 있다. 이들 조직은 대체로 86-92년까지 활동하며 전대협의 결성과 성장을 이끌어 냈다. 이 중 반미청년회가 전대협 결성을 실질적으로 주도한다. 나는

---

4 민청학련 사건. 1974년 4월 전국민주청년학생총연맹이 주도한 시국 사건으로, 관련자 180여 명이 국가를 전복시키고 공산정권 수립을 추진했다는 혐의로 구속·기소된 사건이다. 2009년 9월 재판부는 민청학련 사건에 대하여 무죄를 선고함

1987년 8월 충남대에서 열렸던 전대협 출범식에 참여했다. 당시만 해도 전대협은 생성-소멸을 거듭했던 수많은 학생운동 조직의 하나일 것으로 생각했다.

1987년 하반기 대선 국면에 접어들면서 대선 투쟁 방침을 두고 분열된다. 고대와 전대협 주류는 김대중 후보 지지, 서울대와 연대는 후보단일화 노선, 기타 진영은 민중후보 진영으로 3분된다.

1988년 통일투쟁이 시작된다. 이 투쟁을 고리로 전체 NL이 결집하면서 2기 전대협이 발족한다. 1-2기를 거치며 전대협은 곧 사라질 조직에서 안정된 조직으로 발전한다. 1-2기를 주도했던 것이 반미청년회와 자민통 그룹이다. 반미청년회와 자민통의 리더는 각각 고대 82학번 조혁과 84학번 구해우이다. 고대가 상황을 주도한 관계로 1,2기 전대협 의장은 각각 고대의 이인영, 오영식이다.

3.

전대협-한총련 의장 중에서 1989년 임종석-1991년 김종식-1993년 김재용이 선출된다. 이들 모두 한양대 출신으로 학생운동에서 한양대의 시대가 열렸다. 전대협-한총련 역사에서 한양대는 상징적인 장소이다. 6월 민주화운동에서 학생들의 집결지로 유명했던 곳은 주로 연세대였는데, 연세대에서 NL이 약화되면서 한양대가 이를 대신했다. 96-97년 연이어 전남대에서 한총련을 배출했는데, 이 때 한총련 사무실이 있던 곳도 한양대였다. 전대협-한총련 역사에서 한양대의 시대가 열린 배경에는 서울대와 연고대가 빠르게 이른바 NL에서 빠져나갔기 때문이다.

NL의 결정적인 특징은 농민론이다. 농민을 중시할 뿐만 아니라 민본주의, 우국지사와 같은 전통 농업사회에 뿌리를 둔 담론이 많다. 연장선에서 NL 총학생회장들의 남학생은 두루마기, 여학생은 치마, 저고리를 입은 장면을 쉽게 볼 수 있다. 민주노동당 대표였던 이정희는 서울대 87학번인데 1990년 총여학생회에 출마했을 때, 치마저고리를 입었다. 1991년 5월 투쟁 과정에서 사망한 성균관대 김귀정의 영정 사진도 치마저고리 차림이다

1990년대 한국은 빠른 속도로 도시화·자본주의화되고 있었다. 따라서 농촌적 이론인 NL이 파고 들기 어렵게 된 것이다. 1987년 6월 운동을 주도했던 서울대와 연고대 선거에서 NL계열이 꽤 많이 패배하게 된다. 서울대의 경우 주요 단과대학 6-10개 정도 있다. 1987년의 경우 단과대학 학생회장 전체가 NL이다. 그런데 그중 몇 개 단과대학에서 NL이 패배하고 PD 성향의 후보가 당선되면 총학생회 운영은 PD 성향의 단과대학 학생회장과의 협의를 진행할 수밖에 없다. 이럴 경우 대외적인 활동에 제약을 받게 된다. 1990년대 초반 서울대, 연고대가 이런 상태에 직면했다.

1988년 나는 5학년으로 수업에 들어갔다. 1987년 1년 내내 수업을 듣지 않아서, 1988년 1년 수업을 들어야 졸업이 가능했다. 학교에 다니면서 간간히 후배들과 이야기를 할 기회가 있었다. 서울

한총련 연세대 점거 시위. 1987년 이전에 폭력 투쟁은 돌이나 화염병이었다. 하지만 횡(橫)으로 늘어선 전경 대오인 백골단을 감당하기 어려웠다. 이후 쇠파이프를 들고 백골단과 일진일퇴(一進一退)하는 사수대(死守隊)가 대학마다 조직됐고, 전남대의 '오월대'와 조선대의 '녹두대'가 대표적이다. 연세대 이과대에 고립되어 있던 한총련 지도부가 1996년 8월 20일 연대를 뚫고 나올 때 사수대가 없었다면 훨씬 큰 희생을 치렀을 것이다. 동아DB

대는 1988년 무렵부터 주사파와 거리를 두고 있었다. 북한과 한민 전과 거리를 두는 NL계가 관악자주파이다. 나는 당시 후배들이 주체사상에 멀어지는 것에 대해 우려하고 있었다.

1991-1992년 안기부가 조사 자료에 따르면, 전대협의 NL 조직은 반제청년동맹(민혁당 계열), 조통그룹, 자민통 그룹, 관악 자주파이다. 이 중 관악자주파는 서울대가 주사에서 거리를 두기 시작한 신호쯤 된다고 본다.

흔히 NL을 주사파와 비주사로 구분하곤 한다. 내가 볼 때는 그

다지 유용한 구분이 아니다. NL은 거의 대부분 주사파이다. 비주사 NL이 있을 수 있지만 이들 대부분이 거의 주사에 가까운 NL이거나 보안을 고려한 전술적인 조치에 불과했다. 비주사 NL로 구분할 수 있는 것은 1988-1992년 정도 무렵의 서울대가 아닐까 싶다.

1993년경이 되면 관악자주파는 아예 NL-PD가 공유했던 사회주의 혁명론 전체에서 거리를 두기 시작한다. 전대협-한총련의 입장에서 보면 관악자주파는 그래도 말이 되는데, 이 정도면 대화 자체가 불가능한 수준이다. 그래서 93년 이후의 관악자주파는 아예 비권으로 구분하기도 한다. 1990년대 중반 무렵의 서울대 운동권은 자신을 진보학생연합이라 칭했다. 1994년 총학생회장 강병원, 1997년 이석형 등이 그에 해당한다.

연대와 고대도 유사했다. 전대협의 입장에서는 두 가지 선택에 직면한다. 하나는 서울대, 연고대 중심으로 학생운동 진영을 편성하는 것이다. 이럴 경우 노선 순화를 각오해야 한다. 반면 서울대, 연고대를 제치고 전대협을 구성하는 것으로, 기존 노선을 그대로 밀고 갈 수 있다.

1988년 학생들은 후자를 선택한다. 한양대로 전대협 사무실을 옮기기로 결정한 것이다. 이것은 단순한 사무실의 이전이 아니라 학생운동의 변화를 상징하는 것이다. 이론보다는 조직과 행동, 노선보다는 의리와 투쟁을 중시하는 새로운 경향이 전면화되었음을 의미한다. 의제의 관점에서 보면 민주화투쟁보다는 조국통일운동을 전면화하겠다는 신호와도 같았다.

4.

전대협-한총련의 역사는 1987-1997년의 10년 정도이다. 전대협의 전사가 5·18 진상규명을 요구하는 서울지역 대학생들의 투쟁이었고, 그 정점에 1985년 5월 투쟁이 있다. 1997년 한총련 이적 규정 이후에도 학생운동이 이어지기는 하지만 그 시기에는 주도권이 이후 언급할 민중적 주사파로 이동한다.

위 시기 전대협-한총련은 다시 3시기로 구분할 수 있다. 1987-1988년은 전대협이 만들어지는 시기로 고대가 학생운동을 주도했다. 1989-1992년은 전대협과 한총련의 번성기로 1989년 임수경 방북, 1991년 5월 투쟁이 핵심이다. 전대협-한총련 운동의 핵심이 되는 시기이다. 1993년 김영삼 정권 출범 이후 학생운동이 시대와 괴리되며 고립, 사멸해 간다.

3

93년 김영삼 정부, 남총련 사수대
_오월대와 녹두대, 백골단과 맞서다

1.

1993년 김영삼 정부가 들어섰다. 김영삼 정부의 출현은 학생운동에 결정적이고 심대한 영향을 미쳤다. 전대협은 결국 6월 민주화운동 과정에서 성장한 조직이다. 1993년 김영삼 정부는 어찌되었든 선거를 통해 들어섰다. 따라서 김영삼 정권이 맘에 들지 않는다면 다음 선거를 통해 바꾸면 되는 것이다. 반면 학생들은 김영삼 정권을 식민지 대리 정권으로 규정하고 김영삼 정권을 타도하겠다고 나선 것이다. 결국 궁극적으로 한총련의 발목을 잡은 것은 식민지라는 규정이다.

학생운동은 사회와 연관을 갖는다. 6월 민주화운동을 뿌리로 한 부산·경남 지역의 학생운동은 1993년 김영삼 정부 출범을 맞아 기로에 선다. 반김영삼 투쟁을 진행하기에는 지역 민심이 호의적이지 않았다. 반면 광주·전남 지역은 달랐다. 광주·전남 지역의 여론은 김영삼 정부를 민주적이지 않다고 보았다. 따라서 광주·전남 지역에서 6월 민주화운동은 여전히 현재 진행형이었다. 이를 배경으로 한총련에서 남총련(광주전남지역총학생회연합)의 시대가 열린다.

5·18은 학생운동을 했던 사람들의 마음의 고향 중 하나이다. 광주·전남 지역 학생들에게 5·18은 상징적인 것이었다. 1990년대 중반이 되면 서울지역 학생운동이 퇴조하고, 남총련이 학생운동을 주도하기 시작한다. 1990년 송갑석, 1996년 정명기, 1997년 강위원이 전남대 출신의 총학생회장이다. 그밖에 전남대 오월대, 조선대 녹두대로 상징되는 남총련의 투쟁 조직들이 유명하다.

2.

1987년 이전에는 폭투(폭력 투쟁)라 하더라도 주로 돌이나 화염병이었다. 돌과 화염병으로는 횡(橫)으로 늘어선 전경 대오를 뚫기 어렵다. 특히 무장한 전경들 옆에서 상황을 주시하다 학생 대열로 뛰어드는 백골단을 감당하기 어려웠다.

이를 막기 위해 1987년 이후 쇠파이프를 들고 백골단과 일진일퇴(一進一退)하는 학생들이 생겨났다. 처음에는 용감한 몇몇이 쇠파이프로 대치하다 1987년 6월의 분위기를 타고 각 대학마다 사수대(死守隊)가 조직되었다. 이 중 가장 유명한 조직이 전남대의 '오월대'

와 조선대의 '녹두대'이다.

사수대가 힘을 발휘한 기념비적 투쟁은 이른바 '탈출 투쟁'이다. 1989년 임수경을 북한에 보낸 3기 전대협은 수 천 명의 학생들과 함께 한양대에 고립되었다. 이전까지 모든 농성 투쟁의 특징은 적당한 시간이 지난 후 연행되는 것이다. 반면 3기 전대협은 한양대를 탈출하기로 결심한다. 이것이 전대협과 한총련 운동사에 길이 남아 있는 '영광의 탈출'이다.

한양대를 탈출하기 위해서는 선도에서 전경의 방어벽 또는 장애물을 뚫어야 한다. 여기서 투쟁을 이해해야 한다. 아무리 인원이 많아도 전경과 쇠파이프로 근접전을 벌일 수 있는 사수대가 없으면 전술을 운용하는 것이 불가능하다. 오월대와 녹두대가 그 역할을 했다. 1996년 연세대 사태도 닮았다. 연대 이과대에 고립되어 있던 한총련 지도부가 1996년 8월 20일 연대를 뚫고 나올 때 사수대가 없었다면 훨씬 희생을 치렀을 것이다.

가장 극적이었던 것은 1994년 범민족대회이다. 나는 1993년생 아들을 데리고 범민족대회에 참가했다. 경찰이 행사장인 서울대를 겹겹이 봉쇄했지만 2만 명(주최 측 추산)이 넘는 학생과 시민들이 행사에 참가했다. 보통 같으면 경찰 봉쇄망이 뚫렸으면 그것으로 끝이다. 주최 측과 경찰 모두 비긴 것으로 보고 다음 해를 기약하는 식이었다. 그러나 그해는 달랐다. 1994년 8.14 행사가 진행 중이던 서울대 잔디밭 광장 위로 최루탄이 날아 들었다.

난감한 상황이었다. 행사장은 삽시간에 아수라장이 되었다. 여기서부터는 당시에 현장에 있었던 분들의 이야기를 모은 것이다. 서울대는 교문에서 광장까지 직선거리가 유독 길다. 경찰 병력은 몇백 미터에 이르는 종단 거리를 늘어서 있었다. 경찰이 광장에 최루탄을 살포하자 남총련은 종단으로 늘어선 경찰 병력을 끊어 반격을 가하기 시작했다.

경찰이나 시위대나 밤에는 싸움을 자제한다. 최루탄이 날아 들 때 그것이 어디로 떨어지는지를 볼 수 있어야 한다. 최루탄의 궤적을 볼 수 없다면 자칫 심각한 상황을 맞이할 수 있기 때문이다. 돌이나 화염병도 마찬가지다. 1994년 8월 14일 밤에는 이런 묵계가 깨졌다. 최루탄과 쇠파이프가 맞서는 위험한 상황이 연출된 것이다. 남총련 사수대의 신화가 시작된 시점이다.

남총련은 수 백 미터에 걸쳐 늘어선 종심 대오를 횡으로 끊고 난투극을 벌이기 시작했다. 피아(彼我)를 구분할 수 없는 위험한 상황이 지속되면서, 점차 우열이 갈리기 시작했다. 남총련 사수대가 전경을 제압하기 시작한 것이다. 투쟁 공간에서 대오가 한번 무너지면 사기가 떨어지며 급격히 무너진다. 이제 경찰은 시위 대오를 공격하기는커녕 수습하기에도 바빴다.

남총련 중심의 학생운동을 대표하는 사람이 1996년 5기 한총련 의장 정명기다. 정명기가 오월대 출신이다. 나는 범민련 남측본부 사무처장으로 1996년 한총련 의장이었던 그와 만난 적이 있다. 공식적인 측면에서 본다면 정명기와 나는 1996년 연세대 사태의 책임자였다. 1996년을 기억할 때마다 나는 순박하고 강직했던 전라도 청년 정명기를 떠올리곤 한다.

3.

남총련이 한총련의 중심이 된 것은 특별한 의미가 있다. 전대협과 한총련은 자신들을 100만 청년학생이라고 칭했다. 이 중 서총련 40만, 경인총련 20만, 남총련 10만 등이다. 이 중 남총련은 전대협-한총련의 10분의 1 정도이다. 서총련과 경인총련의 규모에서 보듯 대학생은 압도적으로 서울과 경기 지역에 있었다.

1970-1980년대 한국은 급격히 도시화되었다. 나는 서울 종로구에서 태어났다. 그런데 내 친구들은 대부분 경상도, 전라도, 충청도 어딘가에서 태어나 중고등학교 어느 시점에서 전주, 대구, 부산 등으로 1차 이동했다가 대학에 입학할 때 서울의 어느 대학을 가는 코스이다. 그런데 2000년대 초반이 되면 대부분의 학생은 수도권에서 태어났다. 대학생들이 수도권에 집중된 것은 도시화의 역사를 잘 보여준다.

따라서 전대협과 한총련이 1990년대 벌인 다양한 투쟁은 학생 구성과 투쟁 현장의 분위기가 맞지 않았다. 투쟁은 서울에서 벌어지는데 그것을 전라도 청년이 주도하는 형국이었던 것이다.

비슷한 사례가 1994년 우루과이라운드(UR) 반대투쟁[5]이다. 나는 청년회 회장 자격으로 이 투쟁에 적극 참여했다. 우리는 도심지에서 쌀 개방을 반대하는 선전전을 벌였지만, 설득력이 약했다. 사람들은 우리 투쟁에 거의 아무런 관심도 갖지 않았다.

통일투쟁도 유사했다. 1994년 8월의 어느 날 서울대 학생들이 주최한 통일 행사에 참여했다. 한 낮의 더위를 식힐 수 정도로 밤바람이 서늘하고 좋았다. 우리는 즐겨 '아침은 빛나라'와 같은 북한판 통일가요를 불렀다. 그러나 학생들 중 한 팀이 유행가에 가사를 바꿔 통일노래를 부르곤 했다. 원곡이 '칵테일 사랑'이다.

이상하게 들릴 수 있지만 나는 대학에 입학한 이후 드라마와 노래 등을 거의 보지 않았고 부르지도 않았다. 대중문화보다는 정치나 사상이 훨씬 재미있었다. 그런데 그 때 그 노래가 잊혀지지 않는다. 가볍고 감미로운 가사…. 저런 노래가 만들어진 시대와 통일운동이 맞을 리가 없었다.

당시 나는 주사파와 범민련의 이념 노선이 잘못되었음을 직감했다. 그러나 관성은 무서웠다. 나는 직감을 무시하고 나를 둘러 싼

---

5   우루과이라운드(UR) 반대투쟁. 1994년 농산물 수입 개방에 반대하며, 우루과이라운드 재협상을 촉구한 전국 농민 대회. 전국 농어민 총연맹 등 아홉 개 농민 단체들이 우루과이라운드 재협상 쟁취와 국회 비준거부, 농정 개혁을 주장했다. 2만여 명의 농민과 시민, 학생들은 농민의 생존권 수호를 위해 국회가 우루과이라운드 비준을 거부하고, 정부는 재협상에 나서라고 촉구했다. 참가자들은 대학로에서 종묘를 거쳐 탑골공원까지 가두 행진을 벌였고, 종로 등 서울 도심 일대에서 계란과 양파 등을 던지며 경찰과 몸싸움을 하는 등 격렬한 시위를 벌였다.

사람 관계와 그 동안 갖고 있는 논리적 일관성에 충실했다. 1999년 (또는 2000년) 무렵에도 비슷한 경험을 했다. 각 대학마다 생활방이라는 게 있다. 총학생회 옆에 잠을 잘 수 있게 꾸민 곳이다. 나는 1999년 생활방에서 쉬고 있었다. 후배 하나가 TV를 켜더니 드라마를 보기 시작했다. 드라마 제목은 생각나지 않는다. 허준이나 대장금 쯤 되는 것으로 기억한다. 1990년대 이후 한국의 사극은 세련되고 여유 있었다. 1970년대의 신파조 사극과는 달랐다. 그 장면에서도 비슷한 생각을 했다. 한국이 식민지이기는커녕 역동적으로 성장하는 중진국이라는 생각이 들었다.

유튜브가 발달하면서 유튜브를 통해 그 시절 노래를 듣는다. 특별히 기억나는 것은 룰라의 김지현이다. 이들의 춤과 노래하는 장면은 참으로 매력적이었다. 그리고 한편으로 내가 시대에 대해 착각하고 있었다고 절감한다.

4

전대협과 한총련의 흥망

_연세대 사태와 한총련 출범 계기로 몰락

1.

1996년 연세대 사건[6], 1997년 한총련 사태가 이어졌다. 세계적
으로 유례를 찾기 어려운 한국의 학생운동은 치명타를 입었다. 특
히 1997년 한총련 출범식과 관련한 문제가 컸다. 1996년 연세대 사
태는 정치 문제와 관련이 있었다면, 1997년 한총련 출범식은 민간

---

6 연세대 사건(연대 한총련 사태). 1996년 8월 13일부터 8월 20일에 걸쳐 한총련이 연세
대학교 교정에서 주최한 범민족대회를 경찰이 강경 해산하려 하자 이에 맞서 시위를 벌이
던 한총련 소속 운동권 대학생 2만여 명이 연세대학교 학내 건물들을 점거하여 폭력적 농
성 시위를 벌인 사건. 한총련 이외에도 범민련, 범청학련 등의 단체도 참여했다. 한총련 학
생들이 농성을 벌이던 연세대 교정을 포위한 채 대치하고 있던 경찰은 교내에 있는 학생
을 600명 정도로 추정하고 200여 명의 전의경을 투입했으나 교내에 있던 2만여 명의 한
총련 학생들과의 충돌로 의경 200여 명이 중경상을 입는 피해가 발생했다. 결국 경찰은
백골단이라고 부르는 경찰 특수기동대 3개 부대를 투입시켜 일주일 만에 이과동과 교내
시설을 점거한 대학생들을 강제로 5,000여 명을 구인, 연행하고 400여 명을 구속했다.

인을 폭행하는 과정에서 사람이 사망했다는 점에서 도덕적인 측면이 컸기 때문이다.

1997년 하반기 1996-1997년 학생운동을 평가하는 총학생회 선거가 벌어졌다. 서울대를 비롯한 대부분의 주요 대학에서 한총련 계열 후보가 낙선했다. 이런 정도면 주사파로 구성된 한총련을 구성하는 것이 현실적으로 어려웠다. 다양한 정파의 참여를 보장하고 노선과 정책의 조정이 불가피했다. 그러나 주사파 학생운동은 한총련 결성을 강행한다.

1998년 영남대, 1999년 명지대, 2000년 조선대에서 한총련 의장이 배출된다. 한총련 전체가 이적단체로 지목되어 단위 학교 단과대 학생회장들도 수배되었다. 의장을 비롯한 한총련 간부들은 학교와 학교를 숨어 다니며 간신히 한총련을 유지했다. 한총련은 대학생들의 연대 기구라기보다는 정파운동 조직에 가까웠다.

2001년, 2003년 한총련 혁신파가 주도권을 잡았다. 2001년에는 부산대, 2003년에는 연세대가 의장이 되었다. 특히 2003년 연세대가 한총련 의장이 되면서 NL학생 운동은 실로 오랜만에 서울의 주요 대학에 자리를 잡았다. 그러나 그것으로 끝이다. 제대로 설명할 필요조차 없는 이유로 내분이 계속되고 주사파 운동은 그 다음 단계인 민중적 주사파로 이어진다.

2.

1996-1997년 사태 이후의 주사파 운동의 생각을 잘 보여주는 구호는 '신념의 강자'이다. 물론 1998년 초 한민전(한국민족민주전선) 신년 서한이 출처이다. 1996-1997년 거치며 주사파 운동은 왜소화되었고 왜소화된 운동 세력 대부분은 더 견고히 한민전에 결박되었다.

1988-1992년이 전대협의 전성기이다. 이 시기에는 반미청년회, 자민통 그룹, 새벽 그룹 등 나름 역량 있는 정치조직들이 학생운동을 배후에서 리드했다. 이들은 1993년을 김영삼 정권 출범을 계기로 와해되거나 운동 일선에서 멀어졌다.

당시 나는 이들의 이탈이 변절 비슷한 것이라 보았다. 나는 영향력 있는 정치 조직들이 이탈했어도 대오를 지키기로 했던 사람들 중 하나이다. 이들은 전국적인 단위의 정치 조직을 꾸릴만한 역량이 부족했다. 그들 대부분은 개인적인 차원에서 활동을 이어간 주사파이다. 그래서 이들을 개별적 주사파라 명명했다.

개별적 주사파의 핵심은 남총련이다. 남총련은 광주·전남 지역이 활동 무대이다. 광주·전남은 지역 전체가 운동권이라 할 정도로 운동 역량이 두텁다. 그러나 광주·전남 지역을 무대로 한 지하당이나 혁명조직은 없거나 미미하다. 따라서 남총련 전체가 지역 분위기를 바탕으로 개별적인 형태의 운동을 한다.

3.

1993년 김영삼 정권 출범, 1996-1997년 한총련 사태 국면에서 남총련을 제외하고 주사파 NL은 대략 다음과 같이 구분할 수 있다.

첫째는 중부지역당 잔당이다. 1992년 중부지역당 사건으로 중앙조직이 와해되었지만, 그 잔당은 개별적으로 잔존했다. 대표적인 인물이 윤민석이다. 이들은 매우 완고한 생각을 갖고 있다.

윤민석은 〈전대협진군가〉를 비롯해 많은 운동권 노래를 작곡했고 2002년 반미투쟁 당시 〈퍼킹 유에스에이(fucking USA)〉를 작곡한 것으로 유명하다. 윤민석이 작곡한 노래 중 1990년대 중반과 후반 자생적 주사파의 정서를 잘 보여주는 노래가 '애국의 길'과 '전사의 맹세'이다. 이 중 '전사의 맹세' 노래의 가사 일부를 소개한다.

밤이 깊어 별이 하나 / 머리 위에 빛나거든 / 눈물 대신 내 무덤 가에 총 한 자루 놓아주오 / 기쁘게 싸워 쓰러진 넋이라도 / 일어나 싸우리니 / 해방 깃발을 매달아 주오 / 민족의 아들을 …

1980년대 후반 운동권 노래에서 투쟁을 상징하는 소품은 주로 화염병이다. 그런데 이 노래에는 총이 등장한다. 운동권 노래 가사에 총이 등장하는 것은 흔치 않은 일이다. 윤민석이 작곡하고 운동권들이 이 노래를 즐겨 부르던 1990년대 초반, 총은 현실에서 존재하지 않는 관념적 허구였다. 윤민석은 상상 속에서 혁명적 상황을 인위적으로 만들어낸 것이다.

4.

둘째는 개별적으로 지역과 부문에 잔류한 주사파이다. 1980년대 후반-1990년대 초반 주체사상이 청년들의 마음을 장악했다. 1993년 김영삼 정권 출범, 1996-1997년 한총련 사태가 있었음에도 그들은 개인적인 차원에서 '지조와 원칙'을 지키기로 결심했다. 그리고 그들 모두를 장악했던 것이 8월 통일대회와 범민련이다.

내가 이 부류 중 하나이다. 1988-1991년대 초반까지 나는 노동현장과 그 언저리에 있었다. 한참 지난 후에 나는 내가 노동운동을 할 때 함께 했던 학출들이 민혁당과 관계가 있음을 알았다. 노동 운동은 매우 힘들었다. 공부 밖에 몰랐던 내성적인 내가 감당하기 어려운 현장의 세계였다. 일도 힘들었지만 대인관계가 특히 힘들었다. 20대 후반의 거친 남성 노동자들의 세계가 매우 어색했다. 나는 쫓겨나듯 공장을 떠났다.

1992-1993년 나는 서울 관악 지역에서 청년 운동을 했다. 1993년 김영삼 정권 출범과 함께 재야운동의 원로였던 문익환 목사가 범민련 해소론과 김영삼 정권에 대한 입장 전환을 요구했다. 일선 청년회 활동을 하던 나는 사건의 전모를 알 수 없었다. 상황을 정리

해준 것은 범민련 북측본부의 서한과 북한의 태도였다. 범민련 북측본부는 범민련 사수를 주장하고 있었다.

심지어 범민련 북측본부 백인준 의장은 문익환 목사 앞으로 보낸 편지에서 문익환의 범민련 해소론을 일제 말기와 비교하며 "저는/…/ 8·15 해방 전야를 회고하게 됩니다.…/ 이 땅의 진정한 애국자들과 혁명가들은 일체의 총칼과 교수대 앞에서 목숨을 버릴지언정 자기의 숭고한 신념과 지조는 절대로 버리지 않았으며…"라고 적었다.

지역과 부문에서 개인적으로 잔존하던 자생적, 개별적 주사파들은 이 문헌에 기초해 입장을 정리했다. 당시 우리에게 북한은 믿고 따라야 할 존재였다. 범민련을 지키는 문제는 통일운동 노선의 문제가 아니라 일제 치하에서 독립노선을 유지하는가와 직결된 절대적인 문제로 비약되었다.

돌이켜 보면 불가사의한 일이다. 당시 문익환의 권위는 상당했다. 그럼에도 북한의 권위가 이를 넘어섰던 것이다. 김영환의 회고에 따르면 북한에 범민련 해소 입장을 전달했는데, 다른 사안 대부분은 받아 들였던 북한이 범민련 문제만큼은 수령님의 뜻이라며 받아들이지 않았다고 한다. 이런 분위기속에서 1990년대 초·중반 개별적 주사파들 속에서 범민련은 조국통일을 상징하는 이슈로 비화되었다.

운동권 내에서 북한의 권위는 비정상이었다. 개인적으로 경험한

제1차 범민족대회. 1990년 8월 15일 연세대에서 제1차 범민족대회가 열렸다. 연세대 학생회관 벽에 '오라 남으로, 가자 북으로'라는 구호가 적힌 대형 현수막이 걸려 있다. 민족주의는 NL 사조에 강한 파급력과 질긴 생명력을 불어 넣는 가장 중요한 기둥이다. 연합DB

놀라운 기억은 신창균이다. 신창균은 1948년 남북제정당사회단체 연석회의에 참가한 분으로 범민련 상임 고문이었다. 고령인데다 인품도 훌륭해 재야 전체에서 두루 신망이 높았다.

2001년 6·15 1주년 기념행사가 금강산에서 열렸는데, 범민련 참가 문제가 쟁점이었다. 사안이 복잡하므로 그냥 A와 B안이 경합했다고 하자. 신창균은 처음에 강력히 A안을 지지했다. 나는 사무처장으로서 B안을 지지하고 있었다. A안이 압도적으로 많아 내가 많이 몰렸다. 이 때 범민련 북측본부의 의견이 전해졌는데 북측본부의 안이 B안이었다.

그 순간 모든 것이 정리되었다. 정말 아무 일도 없었던 것처럼 B안으로 정리되었다. 내가 놀란 것은 신창균도 그랬다는 것이다. 주사파들은 그렇다고 치더라도 신창균의 반응은 놀라운 것이었다. 신창균은 성향상 정통 좌파라기보다는 김구와 한독당의 노선을 잇는 민족주의 계열이라고 봤기 때문이다.

장기표의 증언에 따르면 운동권의 친북 분위기는 주사파를 넘어 재야 전체가 갖고 있던 어떤 성향이다. 보통 사람들은 이해하기 어려운 정서를 운동권은 갖고 있다. 보다 구체적인 것은 다음을 기약한다.

이로부터 1990년대 중반 고난에 찬 통일운동이 시작된다. 1993년 4차 범민족대회, 한양대, 1994년 5차 범민족대회, 서울대, 1995년 6차 범민족대회 서울대, 1996년 7차 범민족대회, 연세대, 1997

년 8차 범민족대회 조선대, 1998년 9차 범민족대회 서울대 1999년 10차 범민족대회 서울대에서 8월 통일 행사가 열렸다.

1990년대 중후반 세상은 미국 주도의 질서로 구성되어 있었다. 북한은 그에 저항하는 기이한 섬과도 같은 존재였다. 그러나 남한의 주사파들은 38선 이북의 정치세력과 정서적 공감 나아가 정치적 연대를 추구하고 있었다. 1992-1999년 서울의 대학 캠퍼스에서 벌어진 범민족대회가 그러했다.

이를 잘 보여주는 노래 〈희망새〉 중 다음 노래이다.

세상을 바라보라 / 그러면 알 수 있네 / 어디서 자주의 깃발 끝없이 날리는지
이 세상 한복판에 / 반미 깃발 높이 솟은 / 아아~ 나의 조국 나의 조국이라네.

1990년대 중후반 주사파들이 자주 불렀던 노래이다. 자주의 깃발은 북한을 상징하는 낱말이다. 미국 주도의 세계 질서 속에서 북한이 꿋꿋하게 반미의 깃발을 지키고 있고 우리 또한 그것을 지향하고 함께 해야 한다는 주장이다. 2차대전에서 일제가 패배했지만 동남아 밀림에서 여전히 천황을 믿고 따르는 황군을 발견할 때가 있다. 돌이켜 보면 1990년대 후반의 주사파가 그러했다.

5.

1996-1997년 남총련 주도의 학생운동이 궤멸되면서 기타 여러 대학을 중심으로 한총련이 재편되는데 이 때 흐름을 주도한 것이 이른바 비선이다. 지금의 대진련(한국대학생진보연합)의 뿌리가 이들이다. 그 외 개별 대학 차원에 존재하던 자주대오가 있다. 1990년대 중반에는 민중적 주사파가 빠르게 성장한다. 이들은 전국연합을 배경으로 각각 경기동부, 인천, 울산파 등으로 불렸다. 1990년대 후반이 되면 한총련은 전국연합 3파에 의해 사실상 균점되었고, 2001년 군자산의 약속을 계기로 주사파 운동권의 중심이 민중적 주사파로 이동한다.

6.

주사파 운동의 관점에서 보면 운동을 배후 조정하는 혁명조직들이 있는 게 좋다. 혁명 조직들은 정세와 진로에 대해 고민하게 되고 때로는 유연하고 탄력적으로 노선과 정책을 조정하게 된다. 이 책을 쓰기 위해 자민통 그룹에 대해 조사했는데, 조사 과정에서 1990년대 초반 그들이 했던 고민들을 잘 이해할 수 있게 되었다.

1990년대 초중반 주사파 운동은 북한과 범민련이 정점에 있고 지역과 부분에 산재한 주사파들이 개별 또는 서클 형태로 존재하는 형태였다. 이런 구조 아래에서는 토론과 논의를 전개할 단위가 없

범민족대회 남측본부 개막식. 1990년대 남한의 주사파들은 이북의 정치 세력과 정서적 공감, 나아가 정치적 연대를 추구하며 고난에 찬 통일운동을 펼쳤다. 서울의 대학 캠퍼스에서 1990 년~1999년 10차에 걸쳐 범민족 대회를 개최했다. 당시 주사파 운동은 북한과 범민련이 정점 에 있었고, 지역과 부분에 산재한 주사파들이 개별 또는 서클 형태로 존재했다. 1990년 8월15 일 연세대에서 제1차 범민족대회 남측본부 연합DB

어진다. 개별 또는 서클 단위로 존재하는 주사파 운동권들은 주로 지조와 신념을 문화적, 정치적 행사를 통해 확인하며 명맥을 유지 했다.

1990년대 중후반 미국 주도의 세계 질서가 열렸다. 1, 2, 3세계 로 구분하던 세상은 1970년대 쯤 사라졌다. 미소 냉전의 한 쪽 주체 였던 소련(蘇聯, Soviet Union 소비에트 사회주의공화국으로 구성된 최초 의 사회주의 연방국가)도 사라졌다. 미국과 함께 세상을 호령할 중국 은 아직 강자로서 세상에 나오기 전이었다. 미국과 미국에 맞서는 영양가 없는 군소 나라로 정리되었다. 북한은 그 중의 하나였다.

1980년대 중후반 모습을 드러낸 주사파는 여전히 '자주의 깃발'을 휘날리고 있는 북한과 정신적으로 연대하며 존재를 이어갔다. 매년 8월 통일대회 전야제가 그런 장이었다.

전국의 주사파들은 매년 8월 14일 대열을 갖춘 채 행사장으로 집결한다. 학생들은 방학이었고 직장인들은 휴가나 월차를 낸 상태였다. 그들은 소단위로 그룹을 묶은 후 잘 훈련된 투쟁국의 지침에 따라 일사분란하게 장소를 옮겨간다. 어느 정도 전열이 정비되면 일시에 행사장에 진입한다.

수 천, 수 만 명의 대열이 집결하면 대학 운동장 또는 행사장에서 밤 새워 문화와 정치 행사를 곁들인 전야제가 개최된다. 이 행사가 8월 통일대회의 핵심이고 주사파 정치행사의 정점이다. 고립무원의 상태에서 경찰 병력을 뚫고 학내로 진입한 만큼 전야제는 해방구에 가까웠다. 교문을 넘어서면 누구도 듣기 어려운 노래들을 마음껏 부르며 동지적 연대와 희열을 만끽했다.

이석기 공소 사실에는 〈혁명 동지가〉를 부른 사실이 적시되어 있다. 여기서 〈혁명 동지가〉는 이적 표현물이다. 우리는 이 8월 통일대회 공간에서 자주 부르곤 했다. 가사 전문을 소개하는 것으로도 당시 상황을 이해하기에 충분하다.

동만주를 내달리며 / 시린 장벽을 넘어 /

진격하는 전사들의 / 붉은 발자국 잊지 못해/

돌아 보면 부끄러운 내 생을 내 삶을 / 그들에 비기랴마는

뜨거웁게 부둥킨 동지 / 혁명의 별은 찬란해

몰아치는 미제에 맞서 / 분노의 심장을 달궈

변치말자 다진 맹세 / 너는 조국 나는 청년

동만주, 진격하는, 혁명의 별, 너는 조국 나는 청년 이런 가사들
은 거의 직접적으로 김일성을 언급한 것이다. 지금 생각하면 대중
적인 공간에서 이런 노래들이 아무런 제지 없이 불렀다는 것이 놀
랍다. 그 만큼 8월 통일대회와 주사파는 드넓은 바다위의 한 조각
바위였던 셈이다.

5

2001년 주사파 정치선언, '군자산의 약속'
_주사파가 민주노동당-통합진보당 주도

1.

1980년대 중반 주사파가 발흥한 것은 서울의 주요대학이다. 이때부터 1990년대 중반까지 주사파 운동을 주도했던 것은 대부분 학생운동이었다. 이를 편의상 학생 주사파라고 부르기로 한다. 1990년대 중반이 되면 이들과 결을 달리하는 주사파가 성장하는데, 이를 민중적 주사파라고 하자.

민중적 주사파는 각각 경기동부, 인천, 울산으로 불린다. 조직 또는 그룹 이름에 지역 이름이 붙어 있는 이유는 이들이 전국연합의 지역조직을 뿌리로 하고 있기 때문이다. 이 3개 그룹이 연합하여 2001년 '군자산의 약속'에 합의한다. 군자산의 약속은 전국연합이 민주노동당에 합류하겠다는 정치 선언인데 군자산의 약속을 시

작으로, 주사파가 민주노동당-통합진보당 등 진보정당을 주도하게
된다.

2.

경기동부는 성남 지역을 뿌리로 하는 주사파 그룹이다. 주사파
의 기원과 관련한 의문 중 하나는 주사파가 한국에서 자생적으로
출현한 것인가, 북한 또는 누군가의 영향 아래 성장한 것인가이다.
사상은 비약하기 어려운 분야이다. 주사파가 성장하기 위해서는 누
군가의 개입이 필요한데 대표적인 것이 경기동부이다.

한국전쟁이 끝나면서 빨치산, 좌익들이 각지로 산재했다. 그 중
성남에 근거지를 둔 사람들이 있었는데 이들이 성남용인 지역 학생
들에 큰 영향을 미쳤다. 성남용인 지역 대학생들은 학생운동의 중
심부에서 떨어져 있음에도 불구하고, 강한 전투성을 갖게 되었다.
호남의 학생 운동이 강한 것도 같은 맥락이다.

경기동부의 맹주는 82학번 이석기이다. 이석기는 외대 용인 출
신(한국외국어대학교 용인캠퍼스 중국어 학사)이다. 1980년대 초중반
학생운동은 압도적으로 서울대와 연고대이다. 이런 상황에서 이석
기가 경기동부에 강력한 그룹을 형성할 수 있었던 것은 이석기가
상당한 카리스마를 갖고 있었기 때문이다. 심지어 훗날 경기동부에
서 출현한 주사파 그룹이 전국연합과 민노당을 좌지우지하게 된다.

다음으로 인천그룹이 있다. 인천그룹의 맹주는 고대 81학번 강

희철이다. 강희철 또한 상당한 카리스마를 가진 인물로 서울 또는 전국적으로 세력을 확장했다. 인천연합은 경기동부와 함께 주사파 운동조직으로는 가장 많은 사람을 조직했다. 인천연합은 현재 정의 당의 상당 부분을 차지한다.

끝으로 울산파가 있다. 울산파는 서울대와 연고대 출신의 학생 운동가들이 울산에 투신하면서 형성되었다. 울산인 이유는 울산이 노동운동의 메카인 까닭이다. 울산파를 대표하는 인물은 박경순, 김창현, 정대연 등이다. 이 중 김창현은 고대 81학번으로 울산 동구 구청장에 당선되기도 했다.

내가 볼 때 경기동부와 인천연합은 상대적으로 조직적 결속력 이 센 반면 울산연합은 이론적인 성향이 강했다. 덕분에 울산연합 의 리더들은 민주노동당과 전국연합의 주요 보직을 맡았다.

3.

학생운동은 1993년 김영삼 정부 출범 이후 경향적으로 쇠퇴하 고 있었다. 학생 운동은 정세의 영향을 많이 받는다. 따라서 김영삼 정부의 출범은 학생 주사파가 극복하기 어려운 벽이었다. 이를 돌 파할 수 있는 길은 민중적이고 조직적인 요소를 강화하는 것이었 다.

1990년대 중반부터 민중적 주사파 그룹이 세를 확장하기 시작 했다. 3파 모두 노동 운동과 빈민 운동 등에 기반을 갖고 있었고 소조와 서클을 능숙하게 운영해 세력을 확장했다.

1997년 대통령 선거가 있었다. 대통령 선거에서 전국연합은 국민승리21을 조직하여 권영길 후보를 지지했다. 대통령 선거가 끝나자 전국연합 집행부가 대거 사퇴했다. 전국연합은 와해 상태에 직면했다. 이 때 전국연합 3파가 연합하여 1998년 오종렬 의장을 신임 집행부로 세운다. 이 무렵부터 주사파 운동의 핵심은 사실상 전국연합이었다.

1998-1999년 전국연합은 투쟁 중심의 대중운동 연합체였다. 전국연합은 1999년 주한미군 철수를 공론화하고 범민련과의 연합에 적극적이었다. 전국연합의 투쟁성을 잘 보여주는 것은 1999년 통일대회이다. 1999년 통일대회에서 6명의 남한 운동권이 방북하는데, 그 중 3명이 전국연합 소속이었다.

4.

2000년 무렵부터 전국연합안에서 논쟁이 벌어지기 시작한다. 논쟁의 핵심은 정치 참여, 구체적으로 정당 문제였다.

전국연합 기존 노선은 대체로 정치 참여를 부정하고 있었다. 그들은 거리에서 대중 투쟁을 중시하고 거리 투쟁을 통해 문제를 해결하고자 했다. 그들은 범민련이 주최하는 8월 통일 행사에 적극 참여하여 통일운동의 새로운 지평을 열었다.

핵심은 범민련이었다. 전국연합이 범민련 통일행사에 참여하는 것은 물론 범민련에 가입하려 했다. 반면 정치참여나 진보정당 건설이 중심이라면 불법 단체가 되어 정당 활동에 지장을 초래할 수 있었다.

너무나 많은 이야기가 있다. 나는 당시 범민련 남측본부 사무처장이었고 전국연합의 범민련 가입 문제를 실질적으로 다뤘다. 결론만 정리한다면 북한의 개입이 결정적이었다. 전국연합은 대중투쟁 중시, 범민련 가입 대신 합법 정치 활동과 진보 정당 건설로 입장을 바꾼다.

2001년 9월 단풍이 보기 좋던 가을 어느 날 충북 괴산의 군자산에서 전국연합 회원 700여 명이 모인 가운데 정치 행사가 열렸다. 나는 이종린 범민련 의장과 함께 초대받아 행사에 참가했다. 행사는 깔끔하고 장중했다. 이때부터 주사파는 민노당에 결합한다.

논란을 거치며 나 또한 고민에 빠져들었다. 나에게 범민련은 단순한 통일조직이 아니라 인생을 걸고 지켜야 할 거족적(擧族的)인 대중조직이었다. 나는 범민련과 함께 1990-2000년 10년의 시간을 보냈고, 그 중 4년은 감옥에 있었다.

북한의 메시지는 명확했다. 범민련이 아니라 민주노동당으로 갈아탄 것이었다. 2002년 어느 날 나는 범민련 의장 이종린에게 사무처장을 그만 두겠다고 허락을 구했다. 이종린은 담담히 내 요구를 들어 주었다. 1996년 연세대 사태 당시 나는 범민련 남측본부 사무처장이었다. 한총련이 대부분의 역할을 했지만 형식적, 법적으로는 통일 행사 전체를 책임진 실무책임자였다. 나는 지금도 동지들과 함께 부르던 〈통일선봉대 찬가〉의 노랫가락이 선연하다. 그렇게 내 청춘의 시간이 흘렀다.

5.

주사파는 강력하다. 그들은 조직과 투쟁에 능한 매우 특이한 집단이다. 2002년 미군 장갑차 여중생 사망[7] 투쟁을 비롯해 2004년 탄핵, 2008년 광우병 촛불시위 등 대규모 촛불 집회를 현장에서 주도한 사람들이다. 2000년대 청년과 노동자들을 실질적으로 조직한 거의 유일한 집단이다.

2001년 군자산의 약속 이후 전국연합은 빠르게 태세를 전환했다. 그들은 거리 투쟁에 효과적인 구조에서 진보 정당의 합법적인 활동에 맞게 조직을 전환했다.

경기동부, 인천연합, 울산연합 등 3파는 지역 단위 조직에서 전국적인 조직으로 전환하고 민주노동당과 통합진보당 등을 장악하기 시작한다. 운동권을 흔히 NL과 PD로 구분하지만 양자의 역량 차이는 뚜렷하다. 내가 보기엔 9 대 1 정도가 아닐까 싶다. NL이 그

---

7 미군 장갑차 여중생 사망. 2002년 6월 13일 당시 14살 중학생이던 신효순·심미선 양은 훈련을 마치고 복귀하는 주한미군 2사단 장갑차에 치여 사망했다. 미군 장갑차 운전병 재판은 한미주둔군지위협정(SOFA)을 근거로 한국 측에 이양을 거부했고, 운전병은 무죄 판결이 내려지면서 국민들의 전국적인 촛불집회로 이어졌다.

만큼 압도적이다.

전국연합 3파는 2004-2005년 무렵 민주노동당을 장악했다. 2008년 일시적인 혼란을 딛고 2012년에는 유시민 계열+심상정·노회찬+주사파가 결합하여 통합진보당을 결성한다. 2012년 총선에서 통합진보당은 지역 7석, 비례 6석 등 총 13석을 확보하며 대약진했다.

6.

이석기 사건을 계기로 민중적 주사파는 여러 갈래로 분화한다. 첫째, 전통적인 주사파는 민중당, 진보당 등으로 군소화한다. 둘째, 민중적 주사파 중 인천 그룹은 정의당으로 갈아타 현재에 이른다. 셋째, 여전히 조직적 흐름을 유지하며 영향력을 확대하고 있다. 민주노총 선거에서는 경기동부 계열이 승리했다.

1

84-85년 민주주의, 레닌주의로 통일
_선거결과 마음에 들지 않으면 부정 가능

1.

1984-1985년 학생운동권의 민주주의는 레닌주의로 통일되었다. 레닌주의에서 말하는 민주주의는 우리가 알고 있는 민주주의와는 다르다. 우리가 알고 있는 민주주의의 핵심은 선거이다. 선거에서 누군가 당선되었다면 그가 마음에 들지 않더라도 그를 인정하는 것이다. 모든 공직자는 임기가 정해져 있어, 당선자가 마음에 들지 않는다면 다음 선거를 기약하면 된다.

그러나 마르크스와 레닌은 달랐다. 그들은 선거라는 형식보다 누가 권력을 갖는가와 같은 내용에 중심을 두었다. 그들에 따르면 민주주의는 부르주아 민주주의와 프롤레타리아 민주주의로 구분된다. 전자는 나쁜 것, 부족한 것이고 후자는 좋은 것, 충분한 것이다.

민주주의를 형식적/내용적, 정치적/사회경제적으로 갈라, 1987년 민주화운동이 민주화의 관점에서 제한적이므로 깨시민(깨어있는 시민)[8]이 완전하고 절대적인 민주주의를 위해 부단히 전진해야 한다는 논리로 이어진다. 이런 견해는 문재인 정부에 만연해 있다. 나는 그런 생각의 기원을 1980년대 중반 운동권에 있다고 본다.

레닌은 여기에 무언가를 또 덧붙였다. 마음에 들지 않는 사람 또는 세력이 당선되었다면 그것을 인정하지 않을 수 있다는 것이다. 실제로 그렇게 했다. 선거에서 볼세비키가 패하자 선거 결과를 무력으로 뒤집은 것이다. 무력을 통해 선거 결과를 부정할 수 있다면 선거가 무의미해진다.

1986-1987년 주사파의 민주주의도 그러했다. 식민지라면 처음부터 민주주의를 논할 수조차 없다. 주사파 운동권들이 자주 불렀던 노래 중 이런 가사가 있다.

풀 한포기도 하나도 자유로울 수 없는 / 식민의 땅 아들아 / 어서 일어 나거라

붉은 태양 떠올라 / 깃발이 서면 / 탄압의 총소리 / 나를 부르는

---

8 깨시민. 처음에는 깨어있는 시민을 뜻했으나, 지금은 선민의식으로 진영논리에 빠져 정치적으로 상대방을 매도하되, 자기편에겐 따뜻한 이중잣대를 구사하는 민주당계 정당 내 친노 지지자를 가리키는 용어로 변질됐다. 친노그룹만이 민주적 정통성이 있다는 선민의식을 가진 사람들을 의미한다.

함성

나서거라 / 투쟁의 한길로 / 산산이 부서지거라

그대 따라 / 이 내 몸도 투쟁의 한길로

〈투쟁의 한길로〉라는 노래이다. 식민지이기 때문에 풀 한포기도 자유로울 수 없다는 내용이다. 풀 한포기도 그러하다면 민주주의는 말할 것도 없다. 주사파에게 있어 선거는 식민 지배를 유지하기 위한 요색 행위에 지나지 않는다.

2.

1987년 6월 민주화운동이 있었다. 직선제가 시행되고 직선제로 치러진 선거에서 당시 여당인 민정당의 노태우 후보가 당선되었다. 그럼, 한국의 민주주의는 어떻게 된 것일까? 노태우 후보가 당선되었는데, 그가 마음에 들지 않는다면 어떻게 해야 하는가이다. 의회 민주주의라면 다음 선거를 기약하면 된다. 반면 혁명론자라면 노태우 정권을 타도하는 투쟁에 나서야 한다.

1990년 3당 합당이 있었다. 노태우의 민주정의당, 김영삼의 통일민주당, 김종필의 신민주공화당이 합쳐 민주자유당(민자당)이 출현했고, 2년 후 김영삼은 김대중을 물리치고 대통령이 되었다. 여기서도 동일한 문제가 발생한다.

그럼 김영삼은 어떻게 봐야 하는가? 김영삼이 독재의 잔당과 유

71

착하여 정권을 잡았으므로 그가 선거를 통해 대통령이 되었다고 하더라도 인정할 수 없는 것인가? 아니면 일단 대통령으로 인정하고 다음 선거까지 기다려야 하는가?

1987년 시작된 직선제는 지금 우리 정치 지형을 견고히 장악하고 있다. 그러나 1987년 당시의 운동권은 그렇지 않았다. 1987년 12월 노태우 후보가 당선되자 나를 비롯한 내 주변 누구도 노태우를 대통령으로 인정하지 않았다. 노태우가 어떤 문제가 있어서가 아니라 선거가 갖는 의미가 그랬다. 선거에 승복해야 한다는 개념이 주사파에는 없었다. 1992년 김영삼도 그랬지만 강도는 현저히 줄어 들었다. 사람들 모두가 서서히 선거에 적응해 가고 있었기 때문이다.

민주주의에 대한 학생들의 태도는 레닌주의 또는 민족해방 운동에 입각해 있었다. 반면 한국의 선거 민주주의는 점진적으로 발전해 가고 있었다. 1998년 김대중 정부가 들어서면서 반독재투쟁은 반보수 우익 투쟁으로 전환한다. 레닌주의, 민족해방운동과 선거 민주주의 중간 어딘가에서 많은 일들이 벌어진다. 대표적인 것이 1991년 5월 투쟁과 1997년 김영삼 정권 타도 투쟁이다.

3.

1991년 4월 26일 명지대 강경대 학생이 사망했다. 교문 싸움 도중 백골단에 맞아 사망한 것이다. 이후 2개월 넘게 학생운동 역사상 가장 격렬한 시위가 벌어진다. 두 가지 점이 특징적이었다. 하나는 투쟁의 규모이고 다른 하나는 연이은 분신이다.

시위는 예상보다 컸다. 서울에서만 거의 수 만 명의 학생들이 거리로 나왔고, 학교 단위로 사수대가 존재했다. 6월 민주화운동의 세례 속에 단련된 주변 시민들도 매우 우호적이었다. 6월 민주화운동 당시와 비교하면 차이는 뚜렷했다. 6월 민주화운동 당시 학생 대오는 겁에 질려 있었다. 좀처럼 거리로 진출하지 못했다. 그들은 보도에 있다 전경들의 눈치를 봐가며 조심스럽게 도로에 진출했다. 그렇게 종로 2가에 수 천 명, 을지로 3가에 또 수천 명 규모의 시위 대오가 있었지만, 시위대 대부분은 전경이 공격하면 언제라도 다시 보도로 후퇴할 마음이었다.

1991년의 시위대는 달랐다. 그들은 일단 도로에서 시작했다. 본 대오에 대한 백골단의 공격은 학교, 지역 단위로 구성된 사수대가 상당 부분 방어했다. 도로에 늘어선 그들은 지휘부의 지휘에 따라 종로와 을지로, 청계천에 산개(散開)한 수 천 명의 대오를 하나로 엮어 서울 도심지 전체를 연결하는 수만의 대오를 만들었다.

1970년대-1980년대 초반 학생운동은 주로 서울대에 집중되어 있었다. 서울대는 지하 서클 단위로 학생들을 모집해 운동 인자(因子)를 길러내는 한편 기회가 있을 때 학내 시위 또는 거리 시위를 하는 양상이었다. 이 경우 대중의 호응이 없다면 학생운동 역량만으로는 거리 시위를 이어갈 수 없었다.

1985-1987년 서울대, 연·고대를 중심으로 학생운동 역량이 발전하기 시작했다. 1985-1986년 무렵 서울대는 2-3학년을 중심으로 일상적인 거리 싸움이 가능한 인원이 1,000명에 육박했다. 여기에 학생들의 호응을 받는 주제라면 2,000-3,000명 정도를 동원할 수 있었다. 실제로 민주화운동이 정점이던 1987년 6월 18일 서울대 총학생회의 집계에 따르면 5,000명 정도가 거리 시위에 참가했다.

　　서울대와 연고대가 비슷했고 성균관대, 중앙대, 한양대 등이 다소간의 차이는 있지만 상당한 동원을 했을 것이다. 반면 기타 대학은 동원 인원이 급격히 떨어졌다. 1987년 6월 민주화 운동 당시 나는 다른 대학의 총학생회장들과 교류를 했었는데, 6월 투쟁 국면에서 최초로 시위를 해봤다는 경우도 적지 않았다.

　　1988년 이후 운동역량이 급격히 확산, 평준화되었다. 1991년 시점에서 보면 일상적인 조직 동원 역량이 상당했을 것으로 추정된다. 1991년 거리 동원 역량을 간접적으로 추정할 수 있는 것은 5-6월경 진행된 전대협, 한총련 출범식이다 1990년 전후하여 진행된 전대협 출범식 연인원 참가자가 10만 명에 이른 점을 염두에 두어야 한다.

　　1991-1992년 안기부 자료에 따르면 학생운동의 동원력은 군 병력이 충돌하지 않으면 통제하지 못하는 수준이라고 판단할 정도였다.

강경대 학생 장례 노제(서울 신촌로터리, 1991년 5월). 1991년 4월 26일 명지대 강경대 학생이 교문 싸움 도중 백골단에 맞아 사망했다. 이후 학생운동 역사상 가장 격렬한 시위가 벌어지고 분신도 이어진다. 서울에서만 거의 수 만 명의 학생들이 거리로 나왔고, 학교 단위로 사수대가 존재했다. 동아DB

4.

4월 26일 시작된 국면은 5월 내내 서울 전역에서 대규모로 진행되었다. 시위가 시작되면 서울 거리 전체가 장시간 사실상 마비되었다. 거리 시위와 함께 정치적 대응도 긴박하게 돌아가기 시작했다. 1991년 5월 2일 노태우 대통령이 간접적인 사과를 밝힌 후 뒤를 이어 노재봉 국무총리가 자진 사퇴했다. 정부는 발 빠르고 성의 있게 대응하고 있었다. 우여곡절 끝에 5.18 강경대 학생의 장례식이 치러졌다.

여기가 고비였을 것이다. '죽음의 굿판을 걷어치우라'는 김지하 시인의 글, 강기훈 유서 대필 논란, 정원식 총리 계란 투척 문제 등 다양한 쟁점이 있지만 상황을 주도했던 것은 민주주의에 대한 기본 태도였다.

1991년 4월 하순부터 한 달 이상 거리 시위가 지속되자 시민들은 서서히 피로감에 빠져들었다. 사람들은 학생이 사망한 것에 대한 투쟁과 저항은 이해하겠지만, 서울의 거리를 무정부 상태로 몰아가는 것에는 동의할 수 없었다. 근본적으로 노태우 대통령에 대한 거취는 차기 선거를 통해 판가름할 문제였다.

야당 또한 그러했다. 김대중은 "국민 대다수가 부도덕하고 무능한 노태우 정권의 퇴진을 바라고 있지만 국민들은 한편으로 선거에 의한 정권교체를 원하고 있다. 따라서 재야, 학생들에 의한 정권퇴진 주장에는 동의할 수 없다."(한국민주화운동사3, 434쪽)며 학생들과 거리를 두기 시작했다.

퇴로가 없었다. 더구나 장례식을 치른 마당에서 할 수 있는 것은 노태우 정권을 타도하는 것뿐이었다. 그러나 사람들은 그에 동의하지 않았다. 만약 노태우를 반대한다면 1992년 대통령 선거에서 교체하면 그만이지 지금 타도할 이유는 없었다. 사실 그게 민주주의였다. 1991년 5월 운동권은 민주주의를 잘못 이해하고 있었다.

5.

박승희, 천세용, 김기설, 김귀정 등 어린 학생과 청년들이 연이어 사망했다. 1991년에만 총 11명이 사망했다. 열사와 관련한 흥미 있는 기록이 있다.

> "1980-1997년에 출현한 '대학생 열사' 32명 중 1980-1985년 시기의 열사는 4명이다. 1986년부터 1997년까지 28명의 열사가 집중적으로 나타났다. 1998년 이후 대학생 열사는 나타나지 않았다."
> "이 시기의 대학생 열사 28명 중 유서 등에서 학생운동 정파를 추정할 수 없는 5명을 제외하고 나머지 23명을 분류하면 그 중 19명이 NL계에 해당한다." (NL현대사, 262쪽)

나를 비롯해 학생운동권 학생들에게 가장 충격적인 경험은 광주일 것이다. 군인이 양민에게 총을 쏘았다는 사실 그리고 그 주범이 대통령이라는 사실 만큼 강렬한 기억은 없다.

이렇게 보면 열사는 5·18이 주된 이슈일 것으로 추정할 수 있지만 실제로는 그렇지 않다. 압도적인 의제가 민족 또는 반미다. 김세진, 이재호가 그렇고 조성만이 그러하다. 김세진, 이재호나 조성만의 경우는 반미가 핵심 의제였다면, 1991년 5월 투쟁 과정에서 분신한 학생들은 반독재 투쟁 국면에서 그런 일이 벌어진 것이다.

1987년 6월의 세례를 받은 학생운동은 압도적인 역량을 축적하고 있었다. 그들은 자신들의 영향력이 미치는 범위에서 자신의 사상과 노선을 정연하게 학생들에게 전파하고 있었다. 덕분에 2-3학년 수준의 학생들이 한국이 미국의 식민지라는 강도 높은 사상을 가질 수 있었다.

반면 1987년 6월 직선제, 선거민주주의, 경제성장 등 1980년대 중후반 학생운동의 과잉된 이념을 순화시킬 기제(機制)들은 상대적으로 시간을 두고 천천히 작동하고 있었다. 2002년 대선 무렵에도 거대한 반미 시위가 있었다. 그러나 2002년이라면 분신과 같은 일이 벌어지지 않는다. 2002년의 반미는 분신과는 어울리지 않는 순화된 형태를 갖고 있었기 때문이다.

1991년 5월 투쟁의 결정적인 특징은 11명에 이르는 학생과 일반인의 사망이다. 민주화 운동사에 매우 특이한 사건이다. 그것은 여러 요인들이 우연히 결합하면서 벌어졌다. 첫째, 정권이 식민지 대리 정권이라는 시각이다. 둘째, 대학 2-3학년 수준, 즉 순수한 형태의 급진 이념을 소유한 다수 청년들의 존재이다. 셋째, 운동이 고양되어 있되 대중과는 괴리된 상태 등이다. 그리고 이는 1987년 민주화 운동을 계기로 성장했던 주사파 대중 운동이 퇴조하던 시기와 일치한다. 1991년 5월 투쟁을 계기로 주사파는 대중과 고립되며 몰락하기 시작한다.

2

학생운동 주사파, 식민지라는 강령에 갇혀

_학생운동 주사파, 구학련(86년) → 90년대 절정

1.

1995년 전노구속 투쟁(전두환 노태우 전 대통령 구속 사건[9])이 벌어졌다. 민주화투쟁은 두 가지로 나눌 수 있다. 하나는 1991년 5월 투쟁, 1996-1997년 김영삼 정권 타도 투쟁처럼 정권 자체를 겨냥한 싸움이다. 이는 선거 민주주의가 정착되고 있는 조건에서 모험적인 투쟁이었다. 다른 하나는 과거 독재 정권의 유산을 척결하는 투쟁이다. 대표적인 것이 1988년, 1995년 전노 구속투쟁이다.

9 전노구속 투쟁. 전두환 노태우 전 대통령 구속 사건: 1995년 11월 김영삼 대통령이 "한국 근현대사에서 존재하는 어둡고 비극적인 과거를 청산하겠다."며, 과거 12.12 군사반란과 5·18 광주민주화운동 진압의 주범으로 지목된 대한민국 두 전직 대통령 전두환, 노태우를 피의자 신분으로 검찰에 소환조사하여 각각 경기도 의왕시에 있는 서울구치소와 안양시에 있는 안양교도소에 구속 수감한 사건.

1995년 전노구속 투쟁이 벌어졌다. 대중적인 지지도 뚜렷했고 학생운동 역량도 잘 살아 있었다. 이를 배경으로 1995년 가을 대규모 거리 투쟁이 벌어졌고 두 전직 대통령인 전두환과 노태우가 구속됐다. 이 투쟁을 계기로 1995년 하반기 치러진 전국 대학총학생회 선거에서 이른바 NL계열이 대약진했다. 1990년대 NL 학생운동이 경향적으로 약화되었던 것에 비하면 중요한 반전이었다. 이를 배경으로 1996년 4기 한총련이 들어선다. NL계열이 대거 당선된 만큼 4기 한총련은 강경파로 채워졌다.

2.

1993년 김영삼 정권에 대한 태도는 전대협-한총련 운동사에 핵심적인 쟁점이다. 그것은 선거 민주주의를 인정할 것인가, 인정하지 않을 것인가를 가르는 시금석(試金石)과 같았다. 우여곡절 끝에 4기 한총련은 김영삼 정권의 대선 자금을 거론하며 김영삼 정권 타도 투쟁을 선언한다.

하지만 두 가지가 문제였다. 하나는 앞서 말한 민주주의에 대한 태도이다. 선거로 당선된 김영삼 정부를 타도하는 것이 대중적으로 받아들여지기 어려웠다. 다른 하나는 대선 자금의 실체였다. 김영삼 대선 자금에 실제 어떤 문제가 있었는지 나는 지금도 알지 못한다. 내가 모를 정도면 이건 대중적 공분이 모아지는 실체적인 문제였다기보다는 다분히 김영삼 정권을 겨냥하기 위한 인위적인 주장이었다. 실제로 김영삼의 대선자금을 거론하며 처음으로 문제를 제기한 곳은 역시 한민전이다.

1996년 상반기 대선 자금을 거론하며 투쟁을 이어가던 4기 한총련은 8월 조국통일 운동에서 결정적인 타격을 입는다. 이것이 연세대 사태이다. 8월 15일 연대에 2-3만 명의 학생과 일반인들이 모여 있었다. 8월 15일 낮 학생을 제외한 일반 참가자들이 빠져 나간 후 학생들은 이과대와 종합관에 고립되었다. 8월 20일 경찰 병력에 의해 종합관이 무너지자 이과대에 있던 한총련 지도부가 이과대를 탈출한다. 탈출 도중 중간이 끊기면서 많은 수가 연행되었지만 한총련 지도부는 고스란히 살아남았다.

이는 1989년 한양대 사태와 유사했다. 한총련 지도부는 임종석처럼 학교를 돌아다니며 정당성을 주장했다. 이유야 어떻든 정치적 주장 때문에 그 많은 학생들이 연행된 것에는 논란의 여지가 있었다. 1996년 하반기 치러진 대학총학생회 선거에서 한총련 계열은 치명적인 타격을 입었지만 그래도 차기 한총련을 구성할 정도의 역량은 살아남았다. 문제는 그 다음이었다.

3.

한총련은 전임 의장단이 다음 집행부를 임명하는 전통이 있다. 연세대 이과대에서 살아남은 4기 의장단은 5기 집행부를 강경파 일색으로 채웠다. 역시 문제가 된 것은 김영삼 정권 타도 문제였다. 5

월 한양대에서 한총련 출범식이 열렸다. 한양대는 경찰병력에 의해 원천 봉쇄됐다. 한양대 진입을 위해 일진일퇴하던 학생들은 밤늦게 고려대에 모여 총의를 모았다. 쟁점은 예정대로 한양대에서 행사를 치를 것인가, 아니면 장소를 바꿔도 좋은가하는 문제였다.

학생운동 역사에서 중요한 쟁점 중 하나는 원래 행사를 예정했던 장소를 사수하는가 여부이다. 1993년 범민족 대회의 경우, 처음에 연세대에서 개최하기로 예정돼 있었다. 하지만 주최 측과 경찰과 협의 아래 한양대로 이전했다. 이는 일종의 타협이다. 주최 측은 행사의 안전 진행을 보장받고 경찰은 당초 치러지기로 한 행사장을 변경하는 선에서 일종의 정치적 타협을 한 것이다.

1993년 범민족 대회에서 행사장을 옮긴 것은 문익환 등 범민련 해소파이다. 이에 한총련이 강력히 반발했으며, 3기 한총련 의장이었던 김재용이 8.14 공식 연설에서 장소를 옮긴 것에 강한 불만을 드러냈다. 당시 연세대 개최를 사수하는 것이 조국통일의 원칙을 지키는 것이라는 요지였다. 장소를 사수하는 것에 대한 당시 학생들의 생각을 엿볼 수 있다.

1997년 한총련 출범식과 관련해서 말한다면 예정했던 한양대를 고수하지 않고 다른 대학으로 옮긴다면 나름의 타협이 가능했을 수도 있다. 그러나 1997년 5기 한총련은 거의 모든 사안에서 강경한 입장을 고수한다. 돌파 일변도로 사업을 진행했던 전대협-한총련의 기풍이 문제를 일으킨 것이다.

한양대에서 비극적인 일이 벌어진다. 학생 몇몇이 선반기능공인 청년 이석(李石, 당시 23세) 씨를 경찰의 프락치로 지목하고, 구타하여 사망에 이르게 한 것이다. 학생 운동에서 프락치 사건은 매우 민감한 주제이다. 나는 지금도 이석의 실체에 대한 의문을 갖고 있다. 반면 이 사건이 한총련의 강경일변도의 태도에서 비롯된 것임은 명확하다.

1986년 서울대 구학련에서 시작된 학생 중심의 주사파 운동은 90년대 절정에 이르렀다. 1991년 5월투쟁, 1996년 연세대 사태, 1997년 한총련 출범식을 계기로 사실상 막을 내린다. 학생운동을 마지막 순간까지 옥죄었던 것은 한국이 식민지라는 규정이다. 식민지라는 생각은 1987년 이후 점점 구체화되고 있는 한국의 민주주의와 양립할 수 없었다.

3

80중반-90초반 조국통일운동과 국제정세

_국제: 고르바초프 집권(85), 천안문 사태(89)
_남북한: 88서울올림픽, 89세계청년학생축전

1.

1980년대 중후반에서 1990년대 초반까지 세계정세가 급변한다. 한반도 정세도 그에 따라 극적인 변화를 겪었다. 조국통일운동을 이해하기 위해서는 당시 상황을 이해할 필요가 있다.

첫째, 상황을 압도했던 것은 국제적인 변화였다. 1985년 고르바초프 집권 이후 1989년 중국 천안문 사태, 1991년 소련 붕괴까지 극적인 변화의 진원지는 소련과 동구권이었다. 소련 동구권 붕괴 이전 세계정세를 설명하는 기본 틀은 미소 냉전이었다. 소련이 붕괴되면서 미국 주도의 일극 질서가 형성되었다.

1985-1986년 무렵 운동권은 고르바초프의 등장을 우호적으로 평가하는 경향이 있었다. 특히 PD 성향 사람들이 그러했다. 너무

복잡하게 생각하지 않는 게 좋다. 그냥 소련이 하는 거니까 좋은 것이라고 생각했다고 보면 된다.

기억나는 것은 1989년 6월 중국의 천안문 사태와 1991년 12월 소련 군부의 쿠데타에 대한 태도였다. 나는 동료들과 두 문제에 대해 토론한 적이 있다. 나는 천안문 사태에 대해서는 군부가 진압하는 것이 옳다고 생각했다. 같은 맥락에서 1991년 12월 군부 쿠데타에 대한 태도도 그러했다. 돌이켜 보면 나는 위정척사-보수적 민족주의적 성향이 강했던 것 같다.

당시 나와 비슷한 생각을 가졌던 친구들이 있다. 이들이 지금 급진적 민주주의나 사회개혁을 지지하는 성향을 보인다. 조금 더 할 이야기가 있지만 다음을 기약한다.

2.

둘째, 1988년 서울 올림픽의 영향이 컸다. 서울 올림픽은 남한의 국제적 위상을 제고하고 한국의 자긍심을 높이는 계기가 되었다. 한국은 1960-1970년대 경제개발 과정에서 사회경제 상황이 호전되었다. 1980년대 초반이 되면 일상생활에서 체감할 정도로 한국의 위상은 매우 높아져 있었다. 88년 서울올림픽은 그것을 집단적으로 확인하는 계기가 되었다.

당초 북한에서는 88서울올림픽을 단일팀을 넘어 남북한 공동올림픽으로 치르자고 주장했다. 올림픽 경기 중 상당수를 북한에서 개최하는 안이었다. 실현 불가능한 안이었다. 북한의 주장은 정치적 노림수에 가까웠다. 지금 생각하면 황당한 주장이지만 당시 나와 내 운동권 동료들은 이를 긍정적으로 생각했다. 돌이켜 보면 북한이 남한에 선수단을 파견하여 남한에서 벌어지는 세계적인 축제를 축하하는 것이 옳았다.

올림픽 공동 개최가 무산되자 한민전이 88 서울올림픽을 분단 올림픽이라 규정하고 이를 저지하기 위해 투쟁할 것을 주장했다. 이를 받아 학생들이 반대 시위를 벌였다. 서울대에서 탁구 경기가 열렸는데 이를 반대하는 학생들의 시위가 있었던 것 같다. 주변 이야기를 종합하면, 시민들의 항의로 시위 자체가 제대로 진행되지 못했다. 올림픽에 대한 대중적 여망은 상당했다. 나와 동료들은 한민전의 주장을 알면서도 국민적 관심사에 감히 저항할 엄두를 내지 못했다.

3.

셋째, 남북의 국제적 지위에 대한 확인이 있었다. 남북의 총리급을 대표로 1990-1991년 5차례 남북 고위급 회담이 열렸다. 이 중 1991년 12월 5차 고위급 회담에서 남북합의서가 채택되었다. 남북합의서는 남북 관계를 '통일을 지향하는 과정에서 잠정적으로 형성된 특수 관계'라 규정했다.

비슷한 시기 한국과 소련, 한국과 동구권 국가들의 수교가 있었다. 1991년 9월에는 남북이 UN에 가입한다. UN 가입의 기준은 국가였기 때문에 남북은 별개의 국가로 유엔에 가입한 것이다. 북한과 주사파 운동권은 유엔 두 개 의석 가입, 소련 및 동구권과 남한과의 수교를 격렬히 비난했지만 워낙 힘의 차이가 현저하여 큰 반향을 일으키지 못했다.

기억나는 것은 한민전 방송이다. 나는 우연히 한-헝가리 수교를 반대하는 한민전 중앙위원회 성명을 들었다. 장중하고 비장한 문구가 지금도 기억에 선명히 남아 있다. 역시 북한의 입장과 남한에 사는 운동가 사이의 차이를 실감했다. 나는 주사파일지언정 성장하는 남한의 입장에 서 있었고, 북한은 미소 냉전 붕괴 이후 점점 더 고립되고 있었기 때문이다.

6공화국에 대한 평가도 중요하다. 노태우 정부는 대통령보다는 참모진의 활약이 컸다. 박철언, 이종휘, 임동원 등이 활약하던 시기다. 나는 당시 남로당 연구로 유명한 김남식과 교분이 있었다. 나는 김남식으로부터 20대 청년이 갖기 어려운 시야와 안목을 얻을 수 있었다. 남북합의서를 둘러 싼 막후 이야기를 많이 들을 수 있었다. 그 결과 노태우 정부에 대해 긍정적인 평가를 갖고 있었다.

4.

넷째, 88년 서울올림픽을 고리로 다양한 남북체육회담이 진행되었다. 86년 아시안게임과 91년 탁구와 청소년 축구에서 단일팀이 합의되었다. 단일팀의 명칭이 코리아였다. 1991년 4월 현정화와 이분희로 구성된 여자 복식에서 단일팀이 중국을 꺾고 우승했고, 청소년 축구에서 8강에 오르기도 했다. 체육 회담과 별도로 이산가족 상봉, 문화교류 등이 진행되었다.

5.

위 상황에 대한 북한의 대응은 다음과 같다.

첫 번째는 핵 개발이다. 미소 냉전이 와해되고 미국 주도의 일극질서가 섰다면 제3세계 국가들은 두 가지 정도로 분화된다. 중국과 베트남은 개혁개방 또는 도이모이(베트남어로 '변경한다'는 뜻의 도이(doi)와 '새롭게'라는 의미의 모이(moi)가 합쳐진 용어로, '쇄신'을 뜻함) 정책을 통해 미국 주도의 세계 질서에 합류한다. 제3세계의 맹주였던 인도도 그러했기 때문에 이것이 제3세계의 기본 흐름이었다고 볼 수 있다. 반면 북한을 비롯한 소수의 국가들이 대미 강경노선을 걷는다. 대미 강경노선을 걷는다면 핵과 미사일 개발을 통해 안위를 지키는 수밖에 없다. 북한이 걸었던 길이 그러하다.

두 번째는 88서울올림픽에 대한 맞대응 전략이다. KAL 858기 폭파사건과 1989년 세계청년학생축전 개최를 들 수 있다. 북한은 88년 서울올림픽을 방해하기 위해 민간 항공기를 폭파했다. 88년 서울올림픽이 남북 체제 경쟁에 결정적인 문제를 야기한다고 보고 그런 행동을 한 것이다. 당시 북한에 우호적인 생각을 갖고 있었던 운동권들은 눈앞에서 벌어진 일을 이해할 수 없었다. 칼기 폭파사건이 안기부의 조작이라는 주장에 쉽게 넘어갔다. 실제로 반미청년회는 대학가에 조작이라는 대자보를 광범하게 부착하기도 했다. 민주화운동 세력이 북한 관련 사건들을 집요하게 조작으로 몰고 가면서 그에 영향을 받은 40-50대의 인식에 결정적이고 심각한 장애를 형성했다.

어떤 문제를 조작이라고 생각하는 것에는 몇 가지 경향이 있다. 첫째는 실제는 조작이 아니라고 생각하면서 대외적으로 조작이라고 하는 경우가 있고, 둘째는 사건의 실체 자체를 아예 거짓 또는 조작이라고 믿는 것이 있다. 운동권은 북한이 관련된 문제나 공안사건의 경우 일단 조작이라고 생각하는 경향이 있었다. 처음에는 전자로 시작했던 문제가 시간이 지나면서 점차 후자로 발전했고 최근에는 옳고 그름 자체가 흔들리는 위험한 단계로 접어 들었다.

정부당국이 발표하는 공안사건 중 조작인 것은 거의 없다. 고문이 있고 사건이 부풀려질 수는 있어도 '없는 사건을 있다'고 주장하는 경우는 없다고 해도 과언이 아니다. 환기하자면 나는 범민련 남측본부 사무처장이었다. 일급 공안사건인 통혁당 사건(1968년 발표된 대규모 간첩단 사건), 남민전 사건[10] 관련자들과 실제 사업을 같이

---

10 남민전 사건(南民戰事件). 반유신과 민주화, 민족해방을 목표로 결성된 남조선민족해방전선준비위원회의 약칭약칭으로, 1976년 2월 이재문, 신향식, 김병권 등이 결성한 비밀단체이다. 1979년 대한민국 유신 말기 최대 공안 사건이자 민주화운동으로 기록.

했고 그들의 이야기를 곁에서 들었다. 주요 공안사건의 경우 관련 자료들을 찾아보기도 했다.

반면 어린 학생들이나 외부자들은 실제 사건을 잘 모르기 때문에 민주화 세력이 조작이라고 주장하는 것을 그대로 믿는 경우가 많다. 기회 있을 때마다 사건의 진실을 소개하고 관련 자료를 찾아보기를 권하지만 너무 많이 진전되어 있어 돌이키기 어렵거나 일종의 자기 확신 또는 권력 관계에 따라 사실을 은폐, 왜곡하는 경향이 강화되고 있다,

현재는 상황이 매우 심각해서 40-50대 전문 지식인 또는 고위 정부 관리들이 터무니없는 주장을 서슴없이 하곤 한다. 이 모든 것의 뿌리가 KAL858 사건이라고 본다. 그렇기 때문에 자민통그룹 1인자였던 구해우는 주사파의 잘못 중 하나로 KAL858 사건을 조작으로 몰아간 것을 지목한다.

88년 서울올림픽에 대한 북한의 또 다른 대응은 89년 평양에서 열린 청년학생축전이다. 북한은 88 서울올림픽에 맞서기 위해 세계 청년학생 축전을 무리하게 개최한다. 88년 서울올림픽이 한국의 발전을 과시하고 촉진하는 요인으로 작용했다면 89년 세계청년학생 축전은 북한의 경제난을 심화시키는 요인으로 작동했다. 앞에서 말한 구해우는 임수경 방북을 동의해 준 것은 과오였다고 밝히고 있다.

4

90년대 조국통일운동, 89년 임수경 방북 투쟁
_통일운동은 범민련, 전대협, 한총련이 주도

1.

1991년 12월 소련이 붕괴했다. 미국과 함께 세계를 양분했던 초강대국이 와해된 것이다. 소련 등 사회주의권 붕괴의 조짐은 1980년대 중반부터 있었다. 1980년대 중반 올림픽과 UN가입, 남북 정부급 대화와 조국통일운동으로 들끓었던 정세도 조용히 가라앉았다. 세상은 미국이 주도하는 세상이 되었다.

주사파의 조국통일운동은 위와 같은 상황에 벌어진 것이다. 주사파의 통일운동은 대체로 1988-1991년의 시기, 1992-1999년, 2000년 이후의 시기로 나눠 볼 수 있다. 1988~1991년은 미소 냉전이 해체되는 것과 맞물려 이를 자신에게 유리한 방향으로 이끌기 위한 여러 정치 세력의 대응이 복잡하게 얽혀 돌아가던 시기이고,

1992-1999년은 미국의 절대적인 우위, 셋째는 2000년 6·15와 김
대중, 노무현 정권 출범 이후 남북관계가 다시 복원되는 시기이다.
이 장은 위 시기 구분 중 첫 번째, 두 번째 시기에 대한 이야기다.

2.

1988-1991년 시기에는 1986-1987년 태동한 주사파가 자신의
독특한 통일관을 드러내기 시작한다. 대한민국 헌법에 따르면 대한
민국의 영토는 한반도와 부속도서라고 되어 있다. 이에 기초하면
북한은 38선 이북을 불법적으로 점거하고 나라를 참칭하고 있는 반
국가단체이다. 이런 상태에서 1989년 문익환과 임수경이 북한을 방
문했고, 이들은 북한이 반국가단체가 아니라 한 민족임을 주장한
것이다.

사실 남북 관계는 매우 복잡하다. 헌법과 체제의 관점에서 북한
은 반국가 단체이지만 1970년대 이래 남과 북은 끊임없이 협상과
합의를 해왔다. 1972년 7·4 남북공동성명이나 1991년 남북합의서
가 그렇다. 여기서는 민족의 관점에서 남북이 협상해야 함을 암시
한다. 또 다른 관점에서는 남북이 유엔에 독자적으로 가입했다는
것은 남북이 별개의 국가라는 의미이다. 이에 따르면 남북간의 문
제는 평화적으로 해결해야 한다.

1970년대 초반 7·4 남북공동성명이 채택되면서 남북 관계에 대

한 규정이 복잡해지기 시작했다. 통일문제를 이단적으로 보는 견해가 본격 출현한 것은 1979년 출간된 《해방 전후사의 인식》(이후 해전사로 표기)이다. 이 책은 은연 중 해방 정국에서 북한 정통론을 주창(主唱)하고 있었다. 해전사의 문제의식은 주사파로 이어져 1988-1991년 상황에서 주사파 운동권은 매우 전투적인 통일관을 갖고 있었다.

운동권 또는 주사파의 독특한 통일관은 구체적으로 역사관과 민족관에서 찾을 수 있다. 역사관에서 핵심을 이루는 인물은 김구이다. 주사파의 중심적 인물인 김영환과 구해우가 중고등학교 시절 김구를 존경했고, 이인영도 청문회(통일부장관 인사 청문회)에서 김구를 거론한 바 있다.

해전사에 따르면 김구는 이승만의 외교론과 비교하여 전투적인 반일 투쟁을 한 인물이다. 김구는 또한 1948년 남북협상에 참여한 후 안두희(安斗熙, 1917-1996. 백범 김구 선생 암살범)에게 살해되었다. 전자는 실패한 민족적 비원, 안두희는 해방 이후에도 지속되고 있는 친일파의 농단을 상징한다. 이 모든 것을 결합하면 반일 무장투쟁-분단과 외세·친일파-조국통일의 완성이라는 구도가 만들어진다.

해전사와 그 이후의 흐름은 여기서 더 나아간다. 반일 무장투쟁이 역사의 정통이라면 그 이전 동학농민운동, 그 이후 김일성의 항일투쟁이 부각된다. 실제로 주사파는 이 경로로 나아갔다. 1984-

1985년 이정식, 스칼라피노, 와다 하루키 등이 저술한 한국 공산주의 운동 서적들이 번역되었다. 이 책에서는 북한의 김일성이 30대 초반 항일투쟁을 했다는 사실이 기술되어 있었다. 이로부터 독립운동가들이 세운 나라는 북한, 친일파들이 어지럽힌 나라는 남한이라는 구도가 성립된 것이다.

주사파를 이해함에 있어 위 대목은 아무리 강조해도 지나치지 않다. 주사파 중 주체사상을 이해하고 있는 사람은 많지 않다. 심지어 주체사상의 기본 논문인 '주체사상에 대하여'를 원문 그대로 읽어 본 사람도 별로 없다. 그럼에도 김일성과 김정일을 장군님이라 부르며 존경하는 사람들이 꽤 많다. 이 때 김일성, 김정일에 대한 감정은 주로 근현대사에 대한 역사 해석과 밀접한 관련이 있다.

3.

다음은 민족관과 통일관이다. 이를 상징적으로 보여주는 것이 문익환과 임수경이다. 문익환은 연행되는 과정에서 한 경찰관과 인상 깊은 대화를 나눴다. 경찰관 한 사람이 북한을 방문한 것을 문제삼자 문익환은 '내 조국은 남한이 아니리 남과 북 모두'라고 발언한다. 임수경도 방북한 후 북한 방문기를 남겼는데 방문기의 제목이 '어머니 하나된 조국에서 살고 싶어요'이다.

핵심은 '조국이 무엇인가' 하는 점이다. 헌법에 따르면 조국은 대한민국이다. 그리고 대한민국이라는 나라가 북한과 협상이나 전쟁 등 여러 가지 방식으로 통일을 추구하는 것이다. 이 경우라면 나라는 대한민국이다. 반면 문익환과 임수경이 주장했던 나라는 한반도 전체를 포괄하는 어떤 가상의 국가이다. 그리고 현재 존재하는 남한은 가상의 국가인 통일조국을 건설하는 과정에서 잠정적으로 존재하는 제한적인 존재이다. 이럴 경우 충성의 대상은 통일조국이다.

김구의 생각이 그러했다. 김구는 38선 이남에 존재하는 현실적으로 존재하는 대한민국을 부정하고 남북 전체를 아우르는 통일조국을 지향했다. '38선을 베고 쓰러질지언정 구차하게 단독정부를 구걸하지 않겠다'는 멘트는 김구의 생각을 반영한다. 문익환, 임수경, 이인영, 김영환, 구해우 모두 김구의 이 멘트에 공감했을 것이다. 나 또한 김구의 말을 자주 인용하곤 했다.

그러나 문제가 있다. 나라는 추상적인 존재가 아니다. 국가는 영토와 주권이 있고 그것을 사수할 구체적이고 실질적인 무력을 갖춘 현실적인 존재이다. 국가는 도서관에서 토론을 통해 가상할 수 있는 존재가 아니라 외부의 적으로부터 우리를 보호하고 범죄자로부터 나의 안위를 지킬 수 있는 현실적인 실체이다.

문익환, 임수경은 가상의 통일조국이야말로 진정한 조국이고 현실에 존재하는 대한민국은 친일파의 나라 또는 잠정적인 국가라고 주장했다. 이런 주장이 수 십 년간 지속되면서 통일조국과 대한민국에 대한 생각들이 전도되기 시작했다.

1989년 7월 평양 세계청년학생축전에 전대협 대표로 참가한 한국외대 재학생 임수경. 외신
통신사 DB

4.

1988년 남북청년학생회담, 1989년 문익환, 임수경 방북, 1990
년 1차 범민족 대회와 범민련 결성 등 1988-1991년 조국통일운동
과정에서 위의 역사관, 민족관이 관철되었다. 1989-1991년의 통일

평양축전 참가와 관련, 국가보안법위반혐의로 구속 기소된 임수경이 1990년 2월 5일 오전 선고 공판을 받기 위해 법정으로 호송되고 있다. 동아DB

과정에서 주사파의 통일운동은 대중적으로는 고립되었지만, 참가한 사람들에게는 강한 흔적을 남겼다. 대표적인 것이 1989년 전대협 3기가 벌인 임수경 방북 투쟁이다.

1989년 3기 전대협은 북한에서 열린 세계청년학생축전에 맞춰 임수경을 파견한다. 3기 전대협은 한양대 원천 봉쇄를 뚫고 한양대에 집결한다. 한양대 진입하는 과정에서 3기 전대협이 벌인 전술은 '환상의 진입'이라 불린다. 학생들이 한양대로 집결하자 경찰력이 한양대에 진입하여 참가 학생 대부분이 건물로 피신한다.

예전 같으면 며칠간의 농성 끝에 진입하는 것이 상식이지만 전대협은 봉쇄망을 뚫고 탈출한다. 이후 3기 전대협은 각 대학을 옮겨다니며 행동의 정당성을 알렸다. 이 과정에서 임종석은 임길동이라 불리며 대중의 관심을 받았다.

나는 이런 과정을 여러 번 경험했다. 경찰이 주변을 원천 봉쇄한 상황에서 행사를 책임진 학생이 연단에 등장한다. 이 학생은 학교를 나가는 과정에서 경찰에 연행되어 적지 않은 감옥을 살 수도 있는 일급 수배자이다. 그 때 느끼는 숨막히는 긴장감은 지금도 서늘하게 남아 있다.

그 자리에서 울려 퍼지던 노래가 전대협 진군가이다. 전대협 진군가를 부를 때면 학생들 모두가 자연스럽게 자리에서 일어나 그와 함께 노래를 부른다.

아~~ 전대협이여 / 우리의 자랑이여
나가자 투쟁이다. 승리의 그 한 길로

전대협, 한총련 운동사에서 가장 중요한 해는 단연 1989년이다.

전대협, 한총련을 상징하는 대중운동은 조국통일운동 그리고 남북 해외를 연결하는 3자연대 운동이 가장 극적인 형태로 표출된 해가 1989년이기 때문이다. 또한 1989년 투쟁과정에서 전대협, 한총련을 특징 짓는 다양한 문화적 상징들이 만들어졌기 때문이다.

대표적인 것이 의장에 대한 태도이다. 1987년, 1988년만 해도 의장을 특별히 생각하는 문화나 생각은 없었다. 1987년 1기 전대협 의장이었던 이인영은 수많은 학생 중 한 사람일 뿐 특별한 대접을 받지 않았다. 3기 전대협을 계기로 의장을 의장님으로 부르고 의장을 옹립한다고 표현하며 의장에 대한 각별한 애정을 보이곤 했다. 당시 청년 문화가 급격히 수평적이고 개인적인 형태로 발전한 것에 비하면 전대협이 학생 대중과 극단적으로 유리되기 시작했음을 보여주는 위험한 징후였다.

5.

1988-1991년 국제정세와 한반도정세가 격동하는 가운데 운동권은 독특한 통일관을 세우고 정세에 개입했다. 주사파의 통일운동은 대중적으로 고립되었지만 이후 운동을 전개할 수 있는 토대를 남겼다. 하나는 조국통일범민족연합(범민련)이고 다른 하나는 8월 통일대회이다. 1991년 소련이 붕괴되면서 정세는 미국의 절대 우위 국면으로 접어들었다. 북한은 고립된 섬으로 남았다. 1992-1999년 간 주사파를 특징짓는 통일운동이 진행된다.

1992-1999년 통일운동을 상징하는 조직은 범민련과 전대협 및 한총련이다. 1991년 1월 범민련 남측준비위원회가 결성된다. 워낙 정부의 탄압이 거셌기 때문에 상당한 각오와 신념이 있지 않으면 범민련 간부는 물론 회원이 되는 것도 어려웠다. 범민련 남측본부는 대부분 고령의 통일인사들이거나 혁신계 인사였다. 범민련을 상징하는 인물은 문익환, 강희남, 신창균 등이다. 그밖에 대다수 인사 대부분은 남로당 또는 옛 좌익계 인사들이었다. 조직적으로 범민련에 가입한 것은 전대협-한총련이 유일했다. 따라서 범민련 남측본부는 고령의 개인과 전대협-한총련으로 구성되어 있었다.

범민련 북측본부는 조선노동당 통일전선부 산하의 한 분과이다. 북한은 국가적 차원에서 통일운동을 펼치기 때문에 범민련 북측 본부가 상당한 대중세를 가지고 있다고 생각하는 사람들이 있지만, 범민련 북측 본부나 한민전이나 노동당 산하의 하나의 분과 같은 것이다.

범민련 해외본부는 전 세계 여러 나라 동포 조직이 참가한다. 그중 가장 규모가 큰 것이 일본의 조총련이다. 나머지 지역 독일, 프랑스, 중국 등에 동포 조직이 있는데 대부분 개별 인사들로 이뤄진 그룹이다. 독일의 동포 운동이 상대적으로 강한 편인데 이는 박정희 시절 광부와 간호사 파견과 관련이 있는 듯하다.

범민련 남측본부, 북측본부, 해외본부 사이의 연락을 담당하는 공동사무국이 일본에 있는데 일본 조총련 간부가 공동사무국 사무부총장으로 실질적으로 모든 것을 관장한다.

나는 1997년, 2003년 두 번 국가보안법으로 구속되어 두 번 모두 간첩 협의를 받아 유죄판결을 받았다. 간첩 협의 내용은 북한의 공작원인 공동사무국 사무부총장(박용)의 지시를 받았다는 점이다.

다음으로 8월 통일대회에 대해 살펴보자.

범민련은 매년 8월을 기해 통일 행사를 개최하는데 이 행사의 명칭이 범민족대회이다. 범민족대회는 경우에 따라 이름을 바꿔 진행되기도 했다. 통일대축전이 대표적이다. 이는 범민련 이외의 단체의 참여를 유도하기 위함이었다.

범민련이 주최하는 통일행사가 개최되는 과정을 소개하면 다음과 같다. 매년 1월이면 노동신문 신년사설과 한민전 신년메시지가 발표되는데, 이에 기초하여 북한에서 1월말-2월초(정부)정당 사회단체 연석회의가 열리고 이 자리에서 남조선 동포에게 보내는 호소문이 채택된다. 이에 기초하여 4-5월 쯤 팩스(FAX)를 통해 남북 해외 공동의장단 회의가 열린다.

남북해외 공동의장단 회의에서 주한미군 철수와 같은 정치 방침이 채택되고, 이를 실현하기 위한 8월 통일대회의 기조와 성격이 정리된다. 8월 통일대회의 기조에서 가장 중요한 것은 남북 해외 3자 만남의 방식인데, 장소는 판문점이나 서울이었다. 만남의 형식은 실제로 만나거나 팩스를 통한 문서 교환 형식으로 모임을 갖는 것으로 정리되었다.

국가보안법에 따르면 팩스를 통한 3자 회합 자체가 불법이다. 회담이 진행되면 이에 직간접적으로 관련된 모든 관련자들에게 수배령이 떨어진다. 팩스를 통한 만남이 그렇다면 판문점에서 대표단이 만나는 것도 당연히 문제가 된다. 따라서 행사 참여자들은 일단 대학에 모인 후 대학에서 행사를 갖고 판문점을 향해 진격하는 행사를 갖는 것이다.

또 다른 문제는 방북이다. 89년 임수경 방북 이후 전대협-한총련은 지속적으로 학생 대표를 북한에 파견했다. 이어 전대협과 한총련은 1991년, 1995년, 1996년, 1998년, 1999년 등 거의 매년 대표단을 파견했다.

6.

앞서 언급했던 것이 범민련과 범민족대회의 기본 뼈대이다. 그런데 일반 참가자의 입장에서 보면 조국통일운동은 다소 다른 모습으로 다가온다. 1988-1999년 8월 통일 행사는 주사파 정치 활동의 핵심이다. 민주화를 요구하는 거리 시위나 농활 등은 많은 학생들이 참가한다. 반면 8월 통일행사는 주사파 또는 그 영향력 아래에 있는 상대적으로 소수의 사람들만 참가한다. 따라서 대중적으로는 매우 고립되어 있지만 내부에서는 강한 결속력을 갖고 있었다.

8월 통일행사에 대한 반응은 상이하다. 내가 기억하는 통일 행

조국통일범민족연합(범민련) 8월 통일대회. 범민족대회 예비회담 무산된 1990년 7월 27일 오후 북한 측 대표들의 입경(入京) 절차를 놓고 남과 북이 판문점에서 전화 접촉을 계속하고 있는 동안 전민련 회원들이 임진각에서 대책을 논의하고 있다. 동아DB

사는 주로 정치 방침과 8월 통일 대회의 기조였다. 반면 다수의 일반 참가자들에게 통일행사는 경찰의 봉쇄망을 뚫고 대학에 진입한 후 수만 명의 참가자들이 함께 진행하는 문화 행사였다.

8.14 늦은 저녁부터 시작되는 문화 행사 대부분은 노래와 춤, 연극 등으로 구성된다. 참가자 대부분은 보름 이상 다양한 통일행사를 통해 본 대회 참가를 여망하고 있었다. 행사 당일에는 경찰의 봉쇄망을 뚫는 과정에서 극도로 긴장된 상태였다. 8.14 전야제는 비정상적인 열정으로 들끓었다. 많은 일반 참가들이 기억하는 통일행사는 8.14 전야제였다.

양자 사이의 괴리가 있었다. 범민련, 8월 통일 행사의 핵심은 북한의 주도성, 남북 해외 3자가 연합하여 반미를 하겠다는 것이다. 그러나 선배들의 손에 이끌려 행사에 참여한 1-2학년 또는 대부분의 일반 참가자들의 관점에서 보면 북한은 시야에서 사라지고 행사를 방해하는 경찰만 남게 된다.

범민련과 범민족대회의 특징이 그러했다. 범민련은 제도적으로 북한의 조직적 개입을 보장했다. 내가 사무처장을 하는 동안 중요한 정치문서는 단 한 번도 예외 없이 북한이 작성했다. 만약 북측이 발신한 정치 문서를 남한의 참가자가 읽었다면, 한 꺼풀 접고 문서를 대했을 것이다. 반면 범민련의 정치문서는 남북 해외 3자의 합의라는 외양을 띄고 있었다. 남한 참가자들은 일정한 완충 장치를 통해 정치문서를 받아들이게 된다. 그 만큼 받아들이기 좋은 것이다.

범민족대회도 같은 방식이다. 8월 통일대회의 핵심은 범민련이 채택한 정치문서를 대중적으로 결의하고 다짐하는 것이다. 반면 다수 참가자들의 관점에서 8월 통일대회는 원천 봉쇄된 학교를 뚫고 들어가 밤 새워 축제를 즐기는 것이었다.

남북대화와 합의도 상당 부분 그러하다. 북한은 미국과 협상하더라도 기본 정치방침을 양보하지 않는다. 따라서 북한과의 협상은 북한의 요구를 들어주거나 결렬되는 경우가 많다. 반면 남한의 경우 일단 남북대화를 진행하면 타결되는 것을 선호한다. 이 점을 이용하여 북한은 이른바 벼랑끝 전술을 통해 자신의 요구를 관철시킨다.

대표적인 문건이 6.15 선언이다. 6.15 선언 1항은 '우리 민족끼리'라는 통일의 원칙이 들어있고 2항에는 낮은 단계의 연방제안이 포함되어 있다. 우리민족끼리나 낮은 단계의 연방제는 남한의 관점에서는 매우 어색하고 부자연스러운 합의이다. 범민련 남측본부 사무처장이었던 나도 합의문을 보며 깜짝 놀랐다. 북한과 무언가를 합의하는데 보다 신중할 필요가 있다고 본다. 같은 맥락에서 북한과 합의했다고 해서 그것에 과도한 의미를 부여하지 말아야 한다.

7.

2000년대 이후 통일운동은 새로운 국면으로 발전한다. 2000년대 이후 통일운동은 다음 책을 기약하기로 하고 여기서는 특징만 지적해 보겠다. 첫째, 김대중-노무현 정부가 들어서면서 정부급 차원의 통일운동이 활성화된다. 둘째, 2010년을 전후하여 중국이 부상하면서 통일운동에서 중국 문제가 대두되기 시작한다. 셋째, 1990년대 반미통일 영역에서는 관심을 두지 않던 참여연대와 같은 시민운동이 가세하면서 통일운동이 대중적으로 확산된다. 넷째, 2010년대를 전후하여 반일문제가 급상승한다.

5

주사파의 선거 의미, 식민지배 유지 목적
_선거는 요식행위에 불과하다

1.

주사파는 인민민주주의혁명론(또는 민중민주주의혁명론)에 기초하고 있다. 이에 따르면 정당 정치 활동이나 선거는 요식 행위에 지나지 않는다. 따라서 주사파의 입장에서 보면 정당 정치 활동보다는 거리 항쟁이 보다 본질적인 요소이다. 그러나 정당 정치 활동은 현실적으로 매우 중요했다. 따라서 거리 투쟁과 합법적 정치 활동을 결합하기 위한 다양한 논의들이 어지럽게 진행된다. 이 절에서는 제도 정치 활동에 대한 것이다.

2.

1987년 이전 운동권의 대부분은 학생이었다. 1987년을 전후하

재야(在野) 통합 전민련 발족. 전국민족민주운동연합(약칭 전민련)이 1989년 2월 21일 오후 연세대에서 결성대회를 갖고 정식 출범했다. 오른쪽부터 김근태, 이부영, 장기표 씨. 동아DB

여 노동, 농민운동 등이 발전하기 시작한다. 1987년 이전 학생 이외의 운동역량을 하나로 엮는 연대기구의 결성이 의제로 부상한다. 그렇게 만들어진 조직이 1989년 1월 결성된 전민련이다.(전민련은 주로 정치단체가 중심이었는데 이후 전교조, 전농과 같은 대중조직을 규합하여 전국연합으로 발전한다. 제도정치활동의 견지에서 보면 전민련과 전국연합은 하나의 흐름이다) 전민련은 문익환, 백기완, 계훈제 등 1970년대 재야 인사 대신 당시로 보면 신세대 운동권을 전면에 배치했다. 흔히 전민련 4인방으로 불렸던 사람이 이부영, 장기표, 김근태, 이재오 등이다.

야심만만하게 출범한 전민련은 합법적 정치 활동과 관련하여 분란에 직면한다. 돌이켜 보면 1987년 직선제 이후 제도권에 진출하는 것은 당연한 일이었지만, 운동권 대부분은 여전히 투쟁과 혁명을 꿈꾸고 있었다. 전민련 내부의 심각한 논쟁 끝에 제도 정치 참여는 부결되었다. 이에 따라 주요 인사들이 정치권으로 이동한다. 이재오와 장기표는 민중당, 이부영과 김근태는 한나라당과 민주당으로 이동한다.

1987년 대선에서 운동권의 정치 방침은 비판적 지지, 후보 단일화, 민중 후보론 등으로 나누어진다. 이 중 주사파는 대부분 비판적 지지와 후보 단일화론이다. 두 입장 모두 기성 제도정치인인 김영삼과 김대중을 염두에 두고 있었다. 반면 민중후보론은 백기완 후보의 출마로 나타났는데 주로 비주사파 진영에서 이런 입장을 취했다.

1992년 대선에서 전국연합은 김대중 후보와 연합하여 김대중 후보를 범민주 진영의 단일 후보로 추대했다. 비주사파 진영의 경우는 1987년에 이어 백기완 후보를 독자 후보로 추대했다. 투쟁보다 선거 방침을 세우는 것이 훨씬 어렵고 복잡했다. 1987년, 1992년 대선 모두에서 주사파는 물론 운동권 전체가 홍역을 치렀다. 나는 전 과정을 지켜봤고 주사파 일선 간부로 논쟁에 참여하기도 했다. 나와 주변 동료들은 제도 정치권에 참여하기보다는 거리 투쟁과 혁명을 중시하는 입장에 있었다.

시간이 지나고 북한의 입장이 알려지면서 상황이 만만하지 않았음을 깨닫기 시작했다. 그 계기가 된 것은 1988년 한민전 신년 서한과 중부지역당 관련 활동이다.

우선 1988년 1월 한민전 신년 서한이 있다. 한민전은 신년 서한에서 혁신정당(진보 정당)을 준비하자고 제안했다. 당시 한민전의 권위는 상당했기 때문에 나는 이 문서를 지금도 선명히 기억한다. 이에 기초하여 반미청년회에서 혁신정당과 관련한 책을 낸 바 있다. 그러나 그 후로는 한민전에서 특별한 이야기가 없었다. 나는 한민전 문서를 마음에 간직하면서도 전통적인 입장, 거리 투쟁의 입장을 견지했다.

다른 하나는 중부지역당 관련 내용이다. 이선실이 남한에 지하당을 꾸리는 작업을 진행하는 과정에서 김낙중, 손병선 등을 만났는데, 이 과정에서 중부지역당의 주요 사업 중 하나가 합법 정당을 세우는 것이라는 사실이 알려졌다. 이로부터 북한의 진정한 의도가 무엇인가에 대한 의구심이 생겨났다.

1987년 6월 이후 1980년대 후반 주사파의 정치활동 방침은 다소 애매하다. 기본적으로는 거리 투쟁에 중심을 두되 정치 활동에 관심을 갖는 양상이었다고 본다.

3.

1987년 6월 이후 학생운동 리더들의 정치 참여가 시작되었고,

이는 민주당의 공천을 받아 국회의원에 출마하는 형태이다. 학생운동 리더들은 대체로 1970년대 학생운동 관련자, 1985년 전학련 주도자, 1987년 이후 전대협 리더로 나눌 수 있다.

1985년 2월 총선에서 이철, 1988년 2월 총선에서는 이해찬 등이 출마하여 당선되었다. 이들 대부분은 1970년대 학생운동을 뿌리로 했다. 이들의 정치참여는 김영삼과 김대중 등 유력 정치리더가 주로 엘리트 충원 차원에서 정치에 참여하는 양상이었다.

1984-1985년 전학련 리더 중 정치에 입문한 대표적인 인물은 김민석이었다. 김민석을 시작으로 연대 송영길, 고대 김영춘 등이 차례로 정계에 참여한다. 이들의 정치 참여 과정에서 제도 정치권 참여가 옳은지, 그른지에 대한 정치적 논쟁은 없었다. 당시만 해도 운동권 리더들의 정치 참여가 학생운동의 순수성을 해칠 것인가에 대한 염려가 중심이었다.

1987년 6월 투쟁이 끝나고 전대협 리더들이 사회로 나왔다. 이들은 1990년대 초반 학생운동의 연장선상에서 전민련과 전국연합 또는 유사한 사회단체에 일시적으로 몸담은 후 1990년대 중반 무렵 정치권으로 진입한다.

1990년대 중반 나와 내 주변은 그들의 정치권 진입을 일종의 변절로 봤다. 실제로 1990년대 중반 김영삼 정권과 주사파 사이에 격렬한 갈등이 벌어질 당시 그들 모두 주사파와 애써 거리를 두려 했다. 특히 90년대 중반 통일운동을 둘러싼 갈등에서 그러했다. 나는 범민련 남측본부 사무처장으로 8월 통일 행사를 주관했다. 우리는 전국연합과 민족회의와 연대하고 싶었지만 가망이 없었다. 그들 대부분은 논의나 만남 자체를 거부했다.

당시에는 그러려니 했다. 운동을 그만두겠다는데 더 할 말은 없었다. 기이한 것은 그들이 최근에 보여준 모습이다. 그들 모두는 1990년대 중반 그들이 보여주었던 모습과는 전혀 다르게 너무 주사파스럽거나 너무 운동권 티를 낸다. 나는 이들에 대해 연구해 볼까 한다. 다음은 지금까지 내린 잠정적인 결론이다.

1960년대 학번인 장기표나 이재오는 위험한 시대를 살았다. 장기표는 1960-1970년대를 회고할 때마다 '매를 맞는 것이 가장 두려웠다'고 말하곤 한다. 다시 말하면 맞지 않고 무사히 운동하는 것만으로 족했던 시절이 있었다. 그 연장선에서 그들은 지금도 세상을 위해 무언가를 해야 한다고 생각한다. 그들은 하루 종일 그 생각만 하고 있어서, 부동산 투기나 자녀 진학 문제를 생각할 겨를이 없다.

반면 1980년대 학번들은 정권의 폭력이 극적으로 사라지던 시대에 살았다. 그들의 운동 이력은 정권과의 충돌보다는 동료들과의 관계 속에서 형성되었다. 그들이 사회로 진출할 때 다양한 가능성이 있었다. 1990년대 중반 사회로 진출하는 과정에서 그들은 일단

먹고 살 것을 챙겨놓고 나중을 기약하기로 했던 사람들이다.

운동권 모두의 애창곡이었던 〈님을 위한 행진곡〉이 있다. 노래는 '사랑도 명예도 이름도 남김없이~~'와 같이 비장한 가사로 이어진다.' 나는 이 노래 중 첫 소절을 특히 좋아했다. '내 모든 것을 바쳐 싸운다'가 나의 슬로건이다.

김근태 정도를 제외한 민주당 절대 다수의 운동권들은 '그야말로 아무 것도 남김없이' 무언가를 한 사람들이 아니라, 일단은 자기것을 챙겨 놓고 힘 있는 정치인이 되었을 때 무언인가를 하기로 한 사람들이다.

그러나 상황은 그보다 훨씬 심각하다. 그들의 이력은 부동산 투기, 성폭행, 문서위조 등으로 얼룩졌다. 도대체 멀쩡한 사람을 찾아보기 어렵다. 그리고 힘 있는 사람이 되었을 때 무언가를 하자는 것은 그가 그것을 하기 위해 축재했던 재산을 노래 가사처럼 민중을위해 쓰겠다는 뜻이 아니었던 것 같다.

4.

1997년 대선이 또 하나의 계기가 된다. 1997년 대선에서 운동권은 국민승리21을 조직하고 권영길 후보를 지지했다. 이를 계기로운동권의 이합집산이 시작된다. 그나마 남아있던 주사파 활동가들이 전국연합을 떠나 정치권으로 이동했으며, 전민련 1차 붕괴에 이어 정치활동과 관련된 주사파의 두 번째 붕괴이다.

5.

전대협 리더들 중 거의 대부분이 그들의 생각과 사상을 기록한 책이나 기록물 등은 남기지 않았다. 애초부터 전대협 리더들은 그들보다 5-6년 정도 앞선 세대인 전학련 세대에 비해 사상과 노선보다는 행동과 조직을 중시하는 특성을 갖고 있었다. 그들은 주사파였고 경향적으로 NL이었다. 반면 사회주의권이 붕괴되는 것과 같은 정치적 대격변을 분석하여, 이를 통해 청년시절 주사적이고 NL적인 사상을 근본에서 재구성하는 것은 역부족이었다. 대부분은 경향적인 주사파인 채로 제도권에 진출하게 된다.

1990년대 중후반 한국 사회에 주사파적 성향을 갖고 있으면서도 제도 정치 활동에 참가할 의지가 있는 청년들이 다수 누적되어 있었다. 그러나 이들의 지위는 불안정했다. 전통적인 정치엘리트 충원 과정은 변호사나 의사와 같은 안정적인 전문직을 가진 사람이 적절한 성과에 기초하여 정계에 입문하는 것이다. 자기 직업을 유지한 채 정계에 투신할 수 있는 안전한 경로였다. 그러나 전대협 리더들은 그런 상태에 있지 않았다. 시간이 지나면 그 네트워크는 해소될 운명이었다. 여기서 김대중-노무현 정부의 출범과 그들의 역할이 학생운동 리더들이 제도 정치권에 진입하는데 결정적인 역할을 한다.

한국의 기성세대는 청년들의 사상적 일탈을 너그럽게 봤다. 북한이 고향이신 나의 부모님들이 그랬다. 이들 세대는 젊어서 좌익

사상을 가질 수 있지만 나이가 들면 변한다고 생각했다. 이에 따라 87년 6월 민주화운동에 참여했던 학생들이 위험한 생각을 가지고 있더라도 졸업을 하면 변할 것으로 예상됐다.

최근 안기부의 전직 관리를 만난 적이 있다. 그들에게서 놀라운 이야기를 들었다. 운동권이 본 안기부나 검찰에 대한 이미지는 부정부패하고 외세와 기득권의 이익을 실현하기 위해 파렴치한 일을 서슴지 않는 존재였다. 그러나 그들은 민족과 조국에 대해 걱정을 하고 있고 놀랍게도 대학생들에 대해 너그럽게 대해야 한다고 생각했다고 한다.

1998년 김대중 정부가 들어섰다. 김대중 정부는 1999년 정치범을 대대적으로 석방했다. 민주정부라는 위상, 다음 해 있을 남북정상회담이 정치범 석방의 중요한 계기였을 것이다. 김대중은 그것을 넘어 민주화 운동 진영을 자신의 정치적 기반을 확대하는 계기로 활용했다. 이로부터 민주화운동을 했던 청년들은 순차적으로 제도 정치권에 진입하기 시작한다. 대표적인 것이 2004년 총선에서 당선된 '탄돌이'다. 탄돌이란 2004년 노무현 전 대통령의 탄핵 반대열풍을 업고 얼결에 국회의원이 된 사람을 이르는 말이다.

6.

1993년 김영상 정부가 들어서면서 제도 정치권에 대한 판단이 중요해졌다. 여기서부터 한민전의 방침은 애매하고 내 기억이 오락

가락한다. 이후의 기억은 다소 부정확할 수 있지만 큰 틀에서는 맞다. 기억에 의존해서 한민전 그리고 북한의 입장을 추적해 보자.

1993년 김영삼 정권이 들어섰지만 여전히 한민전은 제국주의와 식민지의 관점에서 김영삼 정권을 보고 있었다. 즉 김영삼 정권을 식민지 대리정권으로 본 것이다. 1993년 말 나는 한민전의 입장을 듣고 집회장에서 김영삼 정권 타도를 외쳤던 기억이 있다. 김영삼 정부 타도의 관점에서 제기된 것이 김영삼 정권의 대선자금 공개 투쟁이다. 김영삼 정권의 대선자금 문제가 얼마나 설득력 있는지는 지금도 알 수 없다. 한민전에서는 백서를 통해 진상을 밝히긴 했지만, 정치적 주장을 넘어서는 수준은 아니었다. 돌이켜 보면 대선자금 공개 투쟁은 한총련과 주사파 활동가 이외에는 누구의 지지도 얻지 못했다.

1996년 연세대 사태 후 몇 달 후에 있었던 한민전의 신년 서한의 핵심은 김영삼 정권의 조기 타도와 3김 청산이었다. 위험한 방침이었다. 연세대 사태로 학생운동은 절체절명의 위기로 빠져 들었다. 무엇보다 학생운동 전반의 자성과 수습이 긴요했지만 한민전은 또다시 모험적인 방침을 제기하고 있었다.

'3김 청산'이 1997년 대선의 기본방침이었다. 3김 청산에서 김영삼과 김종필은 대상이 되기 어려우므로 타켓은 김대중이다. 즉 1997년 시점에 북한은 김대중의 청산 또는 배제를 주장하고 있던 것이다. 1997년 대선에서 유력 야당 후보인 김대중을 배제한다면 적어도 대선 이전에 정치 지형을 흔들거나 야당에서 김대중을 넘어서는 새로운 인물이 나와야 한다. 그러한 상황을 만들기 위해서는 김영삼 정권의 타도 정도가 아니라, 1997년 상반기 정도에 김영삼 정권을 궁지로 몰아넣는 대항쟁이 벌어져야 했다. 즉 '김영삼 정권 조기 타도'에서 핵심은 타도가 아니라 '조기'에 그렇게 해야 한다는 것이었다. 무리하고 황당한 주장이었지만 한총련과 주사파 활동가들이 이 입장에 동조했고 결과적으로 주사파 운동의 대몰락으로 이어졌다.

이를 정리하면 다음과 같다.

첫째, 1995년 정도까지 한민전의 입장은 반독재 민주화-범민주 진영의 단결-장기적으로 진보정치의 육성이다. 둘째, 1996-1997년 3김 청산-DJ를 포함한 야권의 근본적인 재편으로 정리된다. 이에 대한 북한의 입장과 평가는 알 수 없지만 사실을 명확히 하는 목적으로 객관적으로 기술했다.

7.

1998년 이후 북한의 입장은 진보정당-반보수 우익으로 바뀐다. 진보정당과 관련된 내용은 다른 지면에서 다룬다. 반보수 우익에 대해 말하자면 북한은 김대중-노무현 정부를 민주정부로 보고 보수야권을 주요 공격대상으로 삼는 것이다. 최근에는 안철수나 윤석열과 같이 중도적인 정치세력에 대해서도 적대적인 의사를 표시하곤 하는데, 이는 김대중-노무현-문재인으로 이어지는 흐름이 자신에게 유리하다고 보기 때문인 것 같다.

끝으로 기억해야할 점은 1998년 이후 한민전의 위상이 급격히 약화되어 2005년 해산된다는 점이다.

6

반미 계기는 1980년 5·18
-김일성의 갓끈이론, 반미를 향한 반일

1.

반미운동의 결정적인 계기는 1980년 5·18이다. 5·18에서 미국이 한국군의 광주진압에 동의하여 광주사태에 개입했다는 것이다. 극적인 사건은 1985년 5월 학생들이 서울 미문화원을 점거하여 3일 동안 농성한 것이다.

1985년 하반기 열띤 학내 논쟁 끝에 서울대에서 주사와 반미를 전면에 건 학생조직 구학련과 자민투가 등장한다. 그러나 구학련과 자민투는 학교에서조차 호응과 반향을 얻지 못했다. 당시에는 매년 2학년 학생들이 일주일에 걸쳐 전방부대에 입소하여 군사훈련을 하는 프로그램이 있었다. 1986년 김세진, 이재호 학생이 이를 '반전 반핵 양키 고홈'을 외치며 분신한 사건도 전방입소와 관련이 있었다.

1987년 봄 당시 86학번들이 전방부대 입소에 참가하는 순번이었다. 나는 2학년 학생들의 논의에 부분적으로 참가했다. 사실 우리는 내심 1986년 투쟁을 계승하여 '반전반핵 양키 고홈'의 구호를 걸고 싶었다. 그러나 2학년 학생들의 반발은 격렬했다. 그들은 대학생들의 군사 훈련이 군부 독재와 연관된 어떤 문제이지 미국과 관련된 문제라는 점에 동의하지 않았다. 많은 논의 끝에 2학년 학생들의 주장이 수용되었다.

1987년 직선제가 수용되면서 반미라는 주장은 학생 사회에서 고립되기 시작했다. 이를 몇 가지로 나눠 보면 다음과 같다.

첫째, 미국이 독재정권을 지원한다는 입장이 있었다. 이를 두고 미문화원, 미대사관 등에 항의 시위, 점거 농성 등이 벌어지곤 했지만 일회적인 시위를 넘지 않았다. 둘째, 88년 올림픽과 관련해 분단을 고착화한다는 주장도 있었지만 역시 그냥 구호에 불과했다. 셋째, 경제와 문화 침략과 관련된 내용도 있었다. 실제로 주사파 안에서 코카콜라나 스타벅스를 문제 삼은 경우가 있지만 대중적 호응을 얻지는 못했다.

2.

1990년대 꾸준히 사회가 발전했다. 새로운 세대가 태어나고 기존 세대가 퇴장했다. 신구 교체와 함께 미국을 적대시하는 사조도 빠르게 열어지고 있었다. 그 전환기에 일어난 사건이 여중생 사망 사건이다. 2002년 봄 여중생 두 명이 미군 장갑차에 치어 사망했다. 여러 정황을 고려하면 사고사에 가까웠다. 그러나 세상은 변해 있었다. 사망 사건에 책임이 있는 미군 병사들이 '소파 협정(SOFA 협정)'에 따라 무죄 판결을 받자 대중적인 시위가 폭발했다. 소파 협정이란 한미주둔군 지위 협정(Status of Forces Agreement)으로, 대한민국과 아메리카 합중국 간의 상호방위 조약 제4조에 의한 시설과 구역 및 대한민국에서의 합중국 군대의 지위에 관한 협정이다.

시위의 시작은 우리가 경기동부라고 부르는 주사파 운동조직이었다. 그들은 2002년 상반기 사건이 벌어졌던 경기도 소재 미군 기지에서 시위와 농성을 주도하며 투쟁을 확대하고 있었다. 때마침 동계 올림픽에서 미국 선수 안톤 오노가 한국 선수 김동성으로부터 금메달을 사실상 탈취하는 사건이 일어났다. 이를 배경으로 2002년 하반기 한국 역사상 초유의 거대한 시위가 벌어진다.

2000년 이후 주한미군 문제가 새로운 쟁점으로 떠오른다. 이라크 파병, 평택 대추리, 제주 강정마을, 사드 관련 투쟁 등이다. 여중생 사망 문제가 비교적 선악이 명료한 문제라면 이라크 파병, 평택 대추리 등의 문제는 국제 역학과 관련된 미묘한 문제였다. 특히 훗날 문제가 될 미중 갈등을 염두에 둔다면 섣불리 판단하기 어려운 문제였다.

1980년 5·18을 계기로 발화하여 발전했던 반미 운동은 1990년대 명맥을 이어왔다. 이것이 가능했던 이유는 세계가 미국 주도의 세계 질서로 북한과 중국의 태도를 고려하지 않고 반미를 주장해도 무방한 상황이었기 때문이다.

2010년대 이후 두 가지 상황이 전개되었다. 하나는 2007년 스티브 잡스 이후 스마트폰 혁명이 시작되면서 미국이 혁신의 아이콘으로 부상하기 시작한 점이다. 이로부터 반미의 대중적 기반은 거의 사라졌다. 다른 하나는 2013년 시진핑 집권 이후 중국이 공격적인 면모를 보이기 시작한 점이다. 이로부터 반미를 독자적으로 고려하는 것이 아니라, 반미와 중국에 대한 태도를 동시에 고려해야 하는 복합적인 국면으로 발전한다.

3.

1980년대 학생 운동권에서 반일은 그다지 중요한 문제가 아니었다. 1982년 일본 역사교과서 왜곡 문제나 3각 군사동맹과 관련한 문제들이 언급되었지만 1987년 대중적인 투쟁 국면에서 일본은 거론조차 되지 않았다.

1980년대 중반에서 1990년대 초반 반일 문제가 새롭게 제기되었다. 위안부와 독도 영유권 문제가 등장했다. 나는 일본 문제를 간간히 듣고는 했지만 특별한 관심을 두지는 않았다.

일본 문제에서 중요한 것은 북한과의 관련이다. 2000년대 6·15 합의 이후 남북 민간 차원의 대화와 협력 사업들이 진행되었다. 남북 대표들이 만났을 때, 위안부나 독도 문제가 거론되는 경우가 많아졌다. 남북이 만나서 무언가를 이야기하는데 정치 문제를 다루는 것이 어려우므로 인도주의적 남북 협력이나 일본 과거사 문제들이 맞춤형 소재였기 때문이다.

북한의 입장에서는 반일 문제가 중요한 문제였다. 2000년 남북 대화를 시작으로 북한은 전방위적으로 주변 나라들과 관계 복원에 착수했다. 그 중 중요한 문제가 북일 회담과 수교였다. 북일 수교에서 북한은 일본의 사과를 받고 배상금을 받는 문제를 중시했다. 이를 위해서는 일본 과거사 문제에 대한 여론이 중요했는데, 그 연장선에서 한국의 지원과 지지가 필요했던 것이다.

유명한 김일성의 갓끈이론도 있다. 갓끈이 두 갈래인데 그 중 하나가 끊어지면 갓이 벗겨진다는 것으로, 여기서 갓끈 하나가 다름아닌 일본이다. 즉 상대하기 힘든 미국보다 상대하기 쉬운 일본을 먼저 상대해서 상황을 돌파하자는 것이다.

실제로 한국 현대사에서 한일 문제는 매우 중요한 역할을 했다. 미국의 의도가 한미일 삼각동맹인 반면 한국과 일본의 관계 복원이 늦어지면서 삼각군사동맹의 완성이 지체되고 있기 때문이다.

4.

반일 문제가 새롭게 부상한 것은 2010년대이다. 2012년 대선에서 민주노동당 이정희 후보는 박정희의 일본 이름이 다카기 마사오

임을 언급했다. 참으로 진부한 이야기였다. 2012년 대선에서 문재인 후보가 패배한 것을 배경으로 난데없이 반일영화 열풍이 불었다. 암살과 밀정 등이다. 나는 수학 선생이었고 첨단 과학기술을 배워야할 청년들이 100년 전 과거에 허덕이는 광경을 목격했다. 그리고 문재인 정치 세력은 반일을 고리로 세력을 확장했다. 나는 이를 계기로 문재인과 그 지지 세력에 대한 입장을 비판적으로 정리했다.

2010년대 후반의 반일은 그야말로 아무런 맥락이 없는 정치 이벤트이다. 한반도와 주변정세는 2010년대부터 요동치기 시작했다. 2011년 김정은, 2013년 시진핑, 2014년 아베, 2016년 트럼프, 2017년 문재인, 2021년 바이든이 들어섰다. 정세는 미중 갈등을 축으로 북핵 문제가 결합하는 양상이다. 여기에 반일 문제는 별다른 맥락이 없었다. 별다른 국제적 맥락이 없는 반일 문제를 경쟁적으로 부추기는 정치세력에게 우리의 미래를 의탁할 수는 없는 것이다.

7

주사파 사관학교, 성공 사례 '농활'

_식반론 중 식민지만 채택, 반봉건은 기각

1.

1970년대 서울대 운동권 서클 '농촌법학회'의 활동을 기록한 《고난의 꽃봉오리가 되다》라는 책이 있다. 1960-1970년대 운동권 청년들의 화두는 농촌이다. 이들은 매년 농촌 봉사 활동을 다니며 새로운 세계를 꿈꾸곤 했다. 계몽운동의 대상이었던 농민은 점차 변혁운동의 주역이 된다.

1970년대 사회는 빠르게 도시화, 산업화되었다. 이를 반영해 공장으로 투신한 학생들이 나타나기 시작했다. 이는 1970년대 중반 무렵이다. 1980년대가 되면 맑시즘이 광범위하게 도입되고, 노동자를 강조하는 흐름이 많아졌다. 1980년대 중반이 되면 노동운동으로의 투신이 운동의 중심이 된다. 그러나 흔히 NL이라고 부르는 학생

운동 분파는 나이가 들어서도 농민에 대한 각별한 애정을 갖고 있었다.

2.

1980년대 중반 학생운동은 NL과 PD로 양립된다. NL과 PD를 가르는 주요 기준 중 하나는 농민문제였다. NL은 자신의 이론을 식민지 반봉건 사회로 정립했다. 식민지 반봉건 사회론에 따르면 한국은 지주-소작관계이다.

나는 1986년 NL이 도입될 때 동료들과 민족해방인민민주주의 혁명론에 대해 배웠다. 이에 따르면 한국에서 주된 경제관계는 지주-소작관계였다. 이것은 반박하기 쉬웠다. 서울에서 학교를 다녔던 나는 소작인은 커녕 농민조차 보기 어려웠기 때문이다. 우리는 토론 끝에 '식민지 반봉건 사회론' 중 식민지만 채택하고 반봉건 사회는 떨쳐냈다.

1988년 하반기 한민전에서 특집 시리즈물을 발표한다. 나는 이 시리즈물을 방송으로 들었고 이를 정리한 책을 읽기도 했다. 한민전의 기록에는 식민지 반봉건 사회론이 식민지 반자본주의로 바뀌어 있었다. 식민지 반자본주의론에 따르면 한국은 자본주의 사회인데 지주-소작 관계등 변칙적인 요소가 남아 있다는 것이다. 여전히 의문은 남지만 반봉건 사회라는 허망한 규정이 사라지면서 나는 사회 성격에 대한 문제를 정리했다.

코미디 같은 기억들이다. 식민지 반봉건이 되었든 다음에 기술할 식민지 반자본이 되었든 지주-소작 관계가 중요한 화두이다. 그런데 1980년대 중반 무렵에도 지주-소작 관계를 논하는 것은 턱없는 일이었다. 나는 간혹 동료들에게 지주-소작 관계에 대해 묻곤했지만 거의 대부분 관심조차 두지 않았다. 한 번은 주사파에서 나름 있는 선배와 논쟁을 벌인 적이 있는데 그는 언성을 높이며 토론 자체를 거부했다.

식민지 반봉건 사회는 식민지와 반봉건이라는 두 가지 내용으로 구분된다. 전통적인 입장에 따르면 두 가지는 내용적으로 연결돼 있다. 제국주의-식민지와 같은 정치적 규정에 의해 식민지적 수탈과 같은 경제적 의미가 결합되기 때문이다.

한국 경제 분석의 핵심 쟁점은 산업화이다. 미국과 한국 사이의 관계가 제국주의-식민지적 관계라면 한국은 농업 사회, 그것도 지주-소작 관계에 머물러야 한다. 70년대가 되면 한국 산업화의 흔적은 너무도 뚜렷했다. 따라서 산업화에 어떤 문제가 있다고 할 수는 있어도, 산업화 자체를 부정할 수는 없었다.

이를 반영해 한민전은 한국사회를 식민지반봉건 사회에서 식민지 반자본 사회라 달리 규정했다. 내용적으로 보면 둘 모두 식민지인데, 그나마 한국사회의 현재를 반영하기 위해 약간의 개념 조정을 한 것으로 볼 수 있다.

식민지라는 정치적, 사상적 규정과 사회 경제적 관계가 끊임없이 충돌했다. 시간이 지나면서 후자가 상황을 압도했다. 남한의 자본주의화는 산업화를 넘어 정보화 사회로 진입하고 있었다. 이제 남한 사회는 반봉건-반자본-반정보 등으로 발전시켜야 했다. 그렇다면 식민지라는 규정 자체의 재검토가 필요하지만 그런 시도는 좀처럼 나오지 않았다.

3.

사회 성격 논쟁에서 보듯 주사파에서 농민은 매우 중요한 존재였다. 1990년대 주체 사상은 학생사회에 깊이 파고들었다. 그에 따라 주사에 기초하여 농민을 중시하는 경향이 확산되었다. 그 정점에서 농활과 농민운동 투신이 벌어진다.

농활은 학생운동에서 가장 성공적으로 정착된 사업이다. 매년 1학기 기말 고사가 끝나면 3-4학년들이 1-2년 학생들을 모아 농촌 봉사 활동에 나선다. 10여 일에 걸쳐 힘든 노동과 규율있는 집단생활을 하면서 1-2학년들이 우회적으로 학생 운동가가 되는 경로가 됐다.

한국은 유구한 농업 사회였다. 덕분에 농민과 농촌을 중시하는 문화와 분위기들이 넓게 퍼져 있었다. 농자지천하지대본야(農者之天下之大本也)나 경자유전(耕者有田), 신토불이(身土不二)와 같은 용어나 생각들은 1990년대에도 여전 많이 남아 있었다.

이를 배경으로 전대협-한총련에서 대중적인 농민운동 투신이 진행된다. 농촌과 농민은 빠르게 약화되고 있었다. 그런데 전대협-한총련의 대졸 정예 운동가들이 농촌을 파고들었다.

나는 1990년대 후반 2000년대 초반 나름 유명한 통일정세 강연자였다. 나는 농촌 곳곳에 강연을 다니곤 했다. 충북의 어느 마을이었던 것 같다. 나는 통일 강연을 마치고 하루 밤을 지내기 위해 마을로 접어들었다. 트럭에 실려 나름 한참 길을 갔던 것 같다. 앞에서 30대 주부들이 두런두런 대화를 나누고 있었다. 나는 그들이 진짜 농민이라고 생각했다. 검게 그을린 얼굴을 한 그들은 서울의 대학 출신들이었다. 그 뒤로는 선배님, 선배님 하며 주사파 운동권으로 돌아왔다.

그렇게 농촌에 투신한 그들은 전국농민회총연맹 소속 농민회의 기초 조직을 장악했다. 농촌에는 사람이 귀할 뿐 아니라 고학력자들이 드물었다. 반면 그들은 사람 귀한 농촌에 투신한 대졸자였다. 그들은 그렇게 농촌 사회를 빠르게 장악했다.

이들이 모습을 드러낸 것은 2000년대 초반이다. 2002년 대선에서 농민운동 역사에서 빼놓을 수 없는 쌀 투쟁이 시작되었다. 이를 30만 항쟁이라고 부른다. 30만은 어마어마한 숫자이다. 농민운동은 대선 무렵 13만 명을 일시에 여의도에 집결시켰다. 아마도 대중운동 역사상 가장 큰 규모의 싸움일 것이다.

4.

그러나 그것이 마지막이었던 것 같다. 2003년 한-칠레 FTA 반대 투쟁에 이어 2006년 한-미 FTA 반대 투쟁이 벌어졌다. 각계각층이 참여하여 '한미FTA저지범국민운동본부'가 만들어졌고 나는 이 본부의 정책팀장이었다. 한미FTA 투쟁의 정점은 한미 협상이 열릴 때를 계기로 서울에서 범국민대회를 개최하는 것이다. 시위의 정점은 전국의 농민들이 행사장에 일시에 집결하여 집회를 성사시키는 것이다. 집회와 시위의 주력은 농민이고 전국에 거미줄처럼 연결되어 있는 주사파 운동조직이 이를 도왔다.

NL은 거리의 전사들이다. 그들은 학생 시절 이미 출범식과 통일대회로 단련된 사람들이고 견고한 조직관과 인내심으로 무장한 사람들이다. 그들은 한편으로는 전국 지휘부의 통제를, 다른 한편으로는 처음으로 행사에 참가하는 새내기 농민들을 추스르며 행사를 성공시켰다.

그러나 한계는 뚜렷했다. 그것은 1990년대 중반 전라도 학생들이 서울 거리를 휩쓸었던 것과 본질적으로 같은 것이다. 1990년대 중반 서울과 전라도는 도시화와 산업화의 관점에서 차별화되어 있었다. 이 문화적 괴리를 잘 보여주는 것이 드라마 '응답하라~' 시리즈이다.

2000년대 중반 서울이 그랬다. 서울은 세계 굴지의 대도시로 온갖 첨단 문물과 인프라가 갖춰져 있었다. 반면 지방에서 서울에 올라온 농민들은 경자유전과 민본주의 그리고 그에 기초한 변혁이론으로 무장한 사람들이었다.

물과 물고기가 따로 놀고 있었던 것이다. 나는 2006년 서울의 거리에서 일제 농업 사회를 기반으로 주체 사상과 첨단 산업화의 첨병에 선 수도 서울이 근본적으로 맞지 않는다는 걸 절감했다. 농민들의 시위는 조직적이고 위력적이었지만, 대도시 인텔리들은 쌀 시장 개방을 막아야 한다는 주장에 그야말로 눈길도 주지 않았다.

5.

전대협-한총련 운동사에서 가장 성공적이었던 행사를 꼽으라면 나는 주저 없이 농활(대학생들의 농촌봉사활동)을 들 수 있을 것 같다. 농활은 학생 운동에서 가장 대중적인 행사였고 이후 수많은 농민 운동가와 활동가를 길러낸 주사파의 사관학교였다. 그렇게 단련된 학생들은 이후 전국의 농민 현장으로 파고들어 농민운동가로 성장했고 마침내 2002년 대선에서 쌀 투쟁으로 발전했다. 그러나 농민 운동가들은 시대의 흐름을 근본적으로 거꾸로 이해하고 있었다. 농민 인구는 빠르게 줄어들어 2020년 230만 명 정도이다.

그렇게 된 이유는 주사의 근본적인 한계 때문이다. 식민지이기 때문에 사회가 발전할 수 없다는 주사의 도그마는 사회발전 방향을 착각하게 한 근본 요인이었다. 따라서 농민운동을 새로 이해하기 위해서는 근본적인 사상 전환이 불가피하다.

제3부
조직, 정치적 권위는 '한민전'

1

한민전은 주사파 운동의 압도적 상징
_96연세대 사태, 7차 범민족대회의 배후

1.

1987년 대선은 노태우 후보의 승리로 끝났다. 학생들은 1987년, 한국의 운명을 좌우할 대회전이 있을 것으로 생각했다. 좀 과장되기는 했지만 어느 정도 맞았다. 4·13 호헌선언이 있었고 6월 거리 투쟁의 결과, 직선제가 도입되었으며 그에 따라 직접 선거가 치러졌기 때문이다.

나는 서울대 인문대 학생회장이었고, 1987년 시위 전 과정에 참여했다. 1월 박종철 군이 사망했고, 4월 어렵게 서울대 총학생회가 건설되었다. 4월 호헌선언에 반대하는 대대적인 거리 투쟁이 6월 내내 진행되었고, 나는 거리에 있었다. 6·29 선언으로 직선제가 부활되고 노태우와 양김 씨가 대선에 출마했다. 우여곡절 끝에 노태

연세대를 점거 시위한 7차 범민족대회. 주사파 통일운동 조직을 상징하는 조직이 범민련이다. 1996년 8월 연세대 점거 시위를 주최했으며, 행사 명칭은 7차 범민족대회이다. 동아DB

우 후보가 당선되는 것으로 길었던 1987년이 끝났다.

6월 중순의 어느 날 나는 군부대가 충돌한다는 첩보를 들었고 내가 죽을 수 있겠다고 생각했다. 11월 하순 양김 씨의 동시 출마로 패색이 짙어가던 순간 나는 서울대 총학생회의 일원으로 야당(김영삼의 통일민주당과 김대중의 평화민주당) 당사에 후보단일화를 주장하며 농성에 들어갔다. 박용만 씨로 기억한다. 그의 말을 들으며 후보단일화가 어려울 것이라는 생각이 들었고 나는 그 자리에서 정말 짐승처럼 울었다. 돌이켜 보면 우리는 대학생이었다. 열정과 신념에 넘쳤지만 복잡한 정세를 이해하고 그에 맞게 행동 방침을 조절

하는 것에는 한계가 있었다. 그렇게 아쉬움과 미련을 남긴 채 1987년 대회전이 끝났다.

2.

1988년 봄 어느 날 나는 84학번 동료 여러 명과 홍익대 한 강의실에 모여 앉았다. 모임을 주재한 ○○○는 한국민족민주전선(한민전)이 1987년 1년 동안 내보냈던 문서들을 복사해서는 참석한 학생들에게 나눠 주고 발제를 시작했다.

1987년 9월쯤 나와 우리들은 군부독재 타도를 주장하고 있었다. DJ(김대중 전 대통령의 영문 약자)와 YS(김영삼 전 대통령의 영문 약자)의 후보단일화가 극적인 국면으로 치닫고 있는 조건에서 그것은 위험한 주장이었다. 한민전 문서는 후보단일화의 중요성을 주장하고 있었다. 문서에는 있지도 않은 학생들의 시위를 거론하며 후보단일화가 민주진영의 대단합을 이루는 첩경임을 강조하고 있었다.

양김 씨가 각자 출마를 선언하고 시간이 지나면서 패색이 짙어가고 있었다. 서울대 총학생회는 뒤늦게 단일화를 주장하며 야당 당사 농성에 들어갔다. 나는 통일민주당사 농성의 책임자쯤 되었다. 반면 한민전은 '광주학살 살인마는 대통령이 될 수 없다'는 격정적인 문서를 내보내고 있었다. 후보단일화는 언급조차 하지 않았다. 11월 중순의 관점에서 보면 후보단일화를 주장하는 것은 노태우 후보를 이롭게 하는 주장이었다.

나는 한민전의 문서를 살펴보면서 대학생과 프로의 차이가 무엇인가를 절감할 수 있었다. 아마도 그 날이 내가 주사파가 된 날이 아닐까 싶다.

3.

또 다른 충격은 한민전(통혁당) 창건 20주년이 되는 해인 1989년에 한민전이 방송한 내용이다. 한민전은 우리 운동의 총적 과제로 다음의 세 가지를 제안했다. 첫째는 주체사상, 둘째는 민족해방노선, 셋째는 운동의 대중화이다.

내게 충격적이었던 것은 세 번째 운동의 대중화 부분이다. 운동의 대중화를 위해서는 의식화, 조직화와 함께 대중투쟁이 중요한데 대중투쟁에서 불필요한 과격 투쟁을 지양하고 '승산 있는 싸움을 적극 벌이라'고 권고했다.

1986년을 기점으로 주체사상이 대중화된 이유로 여러 가지를 생각할 수 있다. 나는 전략 전술 또는 대중투쟁론이 주체사상을 확산시킨 결정적인 이유라고 생각한다.

1980년 5·18 이후 학생운동은 하루가 다르게 과격화하고 있었다. 1986년의 경우 NL과 CA로 정립되었는데 NL은 미제국주의 타도, 반전반핵 양키 고홈, CA는 군사파쇼 타도, 제헌의회 소집과 같은 구호를 내걸고 있었다. 학생들도 감당하기 어려운 섬뜩한 주장이다. 지금 돌이켜 보면 학생들의 치기(稚氣)를 잘 보여주는 위험한

건국대 사태. 1986년 10월 28일 반외세 자주화, 반독재 민주화, 조국 통일의 3대 구호를 내걸고 건국대 대학본관을 점거한 농성 학생들이 옥상에 플래카드를 내건 채 이틀째 농성을 벌이고 있다. 동아DB

행동이었다.

　1986년 10월 28일 건대 사태(건국대학교 사건)**11**를 계기로 학생들은 대중운동을 재평가하며 구호, 주장, 투쟁 전술을 전면적으로 재조정하기 시작한다. 연대와 고대가 주도했는데 기저에 한민전의 영향이 강력하게 작동했다. 한민전은 불필요한 과격한 투쟁을 지양

11　10·28 건국대 사태. 건국대 사태는 반외세 자주화, 반독재 민주화, 조국 통일의 3대 구호를 내걸고, 1986년 10월 28일부터 31일까지 66시간 50분 동안 건국대에서 전개된 학생 민주화 운동이다. 10·28 건국대 사태 혹은 10·28 건국대 항쟁이라는 명칭으로 불리기도 한다. 점거 농성은 작전명 '황소30'이라 명명된 경찰의 진압작전에 의해 강제 해산됐으며, 1,525명이 연행되고 이중 1,288명이 구속됐다.

하고 대중의 이해와 요구에 맞게 구호를 순화하며 다른 세력과의 연대와 연합을 중시했다.

1986년 미제국주의타도와 제헌의회소집을 주장하며 화염병 시위로 일관하던 학생운동진영은 1987년 봄을 계기로 호헌철폐와 직선제, 양김 씨와의 연대를 중시하는 방향으로 입장을 선회했다. 노선 전환의 위력은 현장에서 유감없이 확인되었다. 나는 1987년 6월의 어느 날 명동성당 앞에 있었다. 버스와 택시 기사들이 일시에 경적을 울릴 때 명동 네거리를 압도하던 장면, 넥타이 아저씨들이 주뼛거리며 거리로 나올 때의 환희가 지금도 선하다. 그것은 대중노선, 대중투쟁의 위력을 보여준 역사적 장면이었다.

1989년 한민전 20주년 기념 문건은 나 그리고 우리가 6월의 거리에서 느꼈던 생생한 장면을 이론적으로 정립한 것이다. 나는 동료, 후배들을 만날 때마다 이 문서를 권하곤 했다.

4.

1987년 6월을 거치며 학생들은 한민전에 대한 애정과 신뢰를 넘어 존경의 맘을 갖고 있었다.

한민전은 북한 해주에서 구국의소리 방송이라는 라디오 방송을 송출했다. 구국의소리 방송은 한국의 지하혁명가들이 방송하는 것으로 위장하기 위해 서울 말씨를 썼고, 방송 마지막에는 '여기는 서울'이라는 클로징 멘트를 했다. 그냥 방송만 들으면 서울에서 방송을 하는 것 같은 착각에 빠질 정도였다. 한민전은 매년 초 신년사(신년메시지)를 발표한다. 신년사에는 한 해의 투쟁 방침이 제시된다. 그리고 정세의 주요 계기마다 다양한 형식의 문건을 발표한다. 중앙위원회 설명, 대변인 담화 등의 코너가 있다. 그밖에 뉴스와 주체사상 강좌 같은 것들이 있었다.

학생들은 한민전을 통혁당의 후신이라 믿었고, 방송을 투쟁지침으로 삼았다. 구학련, 반미청년회 등 주요 조직마다 방송팀이 별도로 있었고 큰 대학에는 방송팀이 따로 있을 정도였다. 방송팀은 방송을 듣고 이를 기록한 뒤 간략한 선전물로 학생회에 배포했다.

한민전과 관련한 몇 가지 일화를 소개하면 좋을 듯하다.

1987년 가을 이른 아침 나는 인문대 학생회실에서 혼자 책을 보고 있었다. 문이 열리더니 누군가 녹취한 방송 자료를 나름의 형식으로 편집한 선전물을 슬쩍 두고 나갔다. 문이 닫히는 순간 나는 그와 눈이 마주쳤다. 특정할 수는 없지만 학교에서 자주 마주쳤던 학생이었다. 짐작컨대 5-6학년쯤 되는 학생이겠다 싶다. 1988년 하반기 전노 구속 투쟁(전두환, 노태우 전 대통령)이 벌어졌다. 한민전 방송에서 '한번 시작한 싸움은 끝장을 봐야 한다'며 투쟁을 독려하는 방송을 내보냈고 나도 그 방송을 들었다. 며칠 지나 우연히 학교에 들렀고 ○○○ 총학생회장이 연설 과정에 그 멘트를 거론했다. 나는 그와 방송을 통해 교감하고 있었다.

'한민전의 노래'가 있다.

> 우리는 승리하리라 / 우리들은 민중의 아들
> 조국의 자주와 통일 / 우리의 사명
> 한민전의 기치를 높이 들어라 / 조국의 해방이 동터 오른다.

우리는 이 노래를 즐겨 불렀다. 1988-1990년 어느 무렵 서울대 아크로폴리스 광장에서 학생 하나가 이 노래에 가사를 바꿔 노래를 불렀다. 학생은 노래 가사 중 '한민전의 기치' 부분을 '자주관악 기치'로 개사해 불렀다. 학생은 술집에서 남들이 잘 보지 않는 곳에서 그렇게 한 것이 아니라, 서울대 아크로폴리스 광장에서 그것을 불렀다. 1987년 이후 대학가는 투쟁열기에 휩싸였고 그 열기 속에 한민전은 매우 깊숙이 자리하고 있었다.

5.

민주화운동을 회고하는 기록물들이 있다. 민주화운동기념사업회가 제작한 《민주화 운동사3》에는 1987년 6월을 전후한 시점의 민주화 운동을 기록하고 있다. 이 책에서는 학생들이 민주화운동을 하면서 주체사상이나 맑스레닌주의(Marx-Lenin主義, 마르크스·레닌주의의 북한어)에 경도되기도 했다고 적고 있다. 그럼에도 책에는 한민전이라는 말이 아예 등장하지 않는다.

140

1987-1995년에 걸쳐 강인하고 위력적인 거리 투쟁이 벌어졌다. 1987년 6월이 그렇고 1991년 강경대 싸움(강경대 구타 치사 사건, 학원자주화 투쟁에 가담한 명지대학교 학생 강경대가 데모를 진압하던 서울시경 4기동대 소속 전경에게 집단 구타를 당하여 죽음에 이르게 된 사건), 1995년 전노 구속 투쟁 등이 그러하다. 이들 시위에 학생운동은 수만 명이 넘는 학생들을 장기간 일사분란하게 동원하며 위력적인 투쟁을 벌였다.

운동은 정치의 연장이다. 다양한 사람과 이해관계를 조정하는 일은 결코 쉽지 않은 일이다. 1987-1995년 한국의 학생 운동이 그렇게 할 수 있었던 것은 다양한 이해관계를 조정하며 세력을 하나로 규합했던 정치적 권위가 있었던 까닭이다. 내 경험에 비춰 보면, 그런 역할을 했던 것이 한민전이다. 따라서 한민전을 빼놓고 1980-1990년대의 학생운동을 논할 수 없다.

한민전 그리고 그들이 운영했던 방송과 문서는 구학련과 자민통과 같은 지하조직에만 제한적으로 논의되었던 것이 아니다. 한민전 문서는 학생회나 강의실에 공공연하게 뿌려졌고, 각종 회의나 만남에서 정견을 조율하는 근거로 활용되었다. 이른바 주사파, NL 활동가 대부분은 한민전을 자신의 정치적 지향과 신념의 뿌리로 생각했다.

주사파 운동을 기술할 때 여러 가지를 논할 수 있다. 맑스레닌주의와 비교되는 철학으로서의 주체사상을 말할 수 있다. 그러나 주사파 운동권의 핵심이라고 할 수 있는 나도 주체사상에 대해 별로 토론한 바 없다. 김일성과 김정일에 대해서는 보다 많이 거론했던 것 같다. 주변에서 장군님, 장군님하며 거론하고는 했지만 그렇게 많이 회자된 것은 아니다. 반면 한민전은 정세를 논하고 투쟁을 말할 때 늘 우리 곁에 있었던 존재이다.

결론적으로 주사파 운동을 상징하는 키워드는 압도적으로 한민전이다. 이상한 것은 민주화운동을 회고하고 평가하는 자리에서 한민전의 이름이 거의 완벽하게 사라졌다는 점이다. 심지어 민주화운동을 기록하고 평가하는 민주화운동기념사업회의 공식 기록물에서조차 한민전의 이름은 등장하지 않는다.

역사는 정치의 연장이다. 한민전이라는 존재가 역사에서 완벽하게 사라진 것은 민주화운동을 자신의 구미에 맞게 재단하려는 정치적 구조 때문일 것이다. 과거를 온전하게 복원하고 과거의 정직한 기억을 가로막는 부당한 질서를 혁파하는 것이 내가 새삼스럽게 한민전 이야기를 쓴 목적이다

민주화운동 단체 명칭 어떻게 결정되나

한민전의 풀네임은 한국민족민주전선이다. 여기서 중요한 것은 한국이다. 남과 북은 각기 국호에 많은 의미를 부여했다. 남은 한국,

북한은 조선을 자신의 국호로 삼았다. 1970년대 후반 남조선민족해방전선은 남한을 조선이라 명명했다. 북조선의 남쪽 지역이라는 의미일 것이다. 1970년대라면 남조선민족해방전선에서 남조선이라는 명칭 자체가 거의 모든 것을 함축적으로 뜻한다.

1980년대 학생운동이 활성화되면서 조직의 명칭을 정하는 문제가 대두되었다. 이 때 사용한 것이 전국할 때의 '전'이다. 1980년대는 이미 남과 북 사이의 분화가 상당히 진행되었다. 1980년대 민주화 운동의 입장에서는 그냥 북을 제외한 남한이 전국이었던 것이다. 여기서 나온 이름이 전대협, 전농, 전교조 등이다. 이들 중 앞에 전이 붙은 6가지 조직을 줄여 6전이라고 했다.

한민전이 창립된 것은 1985년이고 1986-1987년부터 영향을 미치기 시작했다. 한편 전대협은 전국대학생대표자 사이의 협의체이다. 즉 전대협의 멤버는 각 대학의 총학생회장이었다. 전대협은 조직을 발전시키기 위해 단과대학학생회장까지 멤버가 되는 연합체를 만들려 시도했다. 처음에는 이를 전총련, 전학련 등으로 명명했다. 전국총학생회연합, 전국학생연합 같은 것이다.

여기서 '전'자 사용이 문제가 되었다. 전대협은 한민전을 따라 '전'을 떼고 '한'을 붙인다. 그렇게 해서 만들어진 조직이 한총련이다. 전대협이 한총련으로 발전해간 과정에서 핵심적인 것은 협의체가 연합체로 발전한 것이 아니라 '전'이 '한'으로 바뀐 것이다. 그 만큼 북한에 의존적인 성향을 띠게 된다. 이에 따라 전교조, 전농 등은 '한'을 사용하지 못했다. 주사파 운동이 학생에 갇혔던 한계를 반영한다.

비슷한 시기 전국에 산재했던 청년회들을 묶어 한청협이 만들어진다. 여기서도 '한'을 사용했는데 한총련이 자신의 조직 명칭을 '한'으로 삼은 것과 같다.

'범'도 있다. 범민련의 풀네임은 조국통일범민족연합이다. 범은 조국통일전민족엽합, 조국통일총민족연합이라 해도 말이 통한다. '범'은 남북해외를 포괄한다는 의미로 사용했다. 남한이 아니라 남조선으로 부를 때 이름이 주는 의미가 있듯이, '범'은 남북 사이의 연합을 상징하는 개념으로 고착되었다. 범민련의 청년학생조직이 범청학련이다. 풀네임은 조국통일범민족청년학생연합이다. 이론적으로는 범청학련에는 학생과 함께 다양한 청년조직이 가입할 수 있지만 현실적으로는 한총련이 유일했다. 따라서 범청학련 남측본부는 사실상 한총련이다.

범민련은 주사파 통일운동조직을 상징하는 조직이다. 예를 들어 1996년 연대사태를 주최한 것이 범민련이고 행사의 명칭은 7차 범민족대회이다. 1990년대 초반 각종 체육행사에서 남북 단일팀의 명칭이 쟁점이 되었다. 논의 끝에 KOREA로 약속했다.

범민련을 결성할 때도 동일한 문제가 발생했다. 범민련 남한본부라고 할 수는 없는 노릇이었다. 그럴 경우 북조선(북한)이 반발하기 때문이다. 중립적인 개념을 사용해 범민련 남측, 범민련 북측으로 사용했다. 조국통일운동을 하는 과정에서 우리는 꽤 심각하게 이 문제를 논의했었다. 북한은 명칭 문제를 매우 민감하게 생각한다. 덕분에 조국통일운동을 오랫동안 했던 나는 남측, 북측과 같이 남북을 중립적으로 표현하는 말에 익숙하다.

최근 들어 통일을 관장하는 고위급 인사들이 남측, 북측과 같은 중립적인 언어를 의식적으로 사용하는 경우를 자주 본다. 한번 유심히 들어보시길 바란다.

2

지하당인 통혁당의 논쟁적 인물, 신영복
_자본주의가 세계 휩쓸고, 가뭇없는 혁명
_토론회 뒤풀이서 혁명 소비하는 문화

1.

통혁당은 1960년대 북한과 연계한 대규모 지하조직이다. 특징적인 것은 서울대 문리대와 상대 인텔리들이 대거 결합했다는 점이다. 구체적으로 이문규, 김질락, 신영복, 박성준 등이다.

통혁당과 관련한 가장 논쟁적인 인물은 서울 상대 출신의 신영복이다. 신영복은 전향한 후 1988년 가석방되었다. 가석방된 후 다양한 활동 등을 통해 상당한 영향을 미쳤다. 소주 '처음처럼'의 글씨가 신영복의 필체이다. 문재인 대통령과 고민정 국회의원 등이 신영복을 존경한다고 밝힌 바 있다.

신영복은 감옥에서 쓴 편지를 묶어 《감옥으로부터의 사색》을 출판했다. 그는 기본적으로 마르크스주의자다. 1984년 11월 29일 형

통혁당 사건, 군사재판 구형 공판(1969년 1월 16일). 통혁당은 1960년대 북한과 연계한 대규모 지하조직이다. 왼쪽부터 신영복 이영윤 송준철 신남휴 피고인. 동아DB

수에게 보낸 글은 다음과 같다.

"머리 좋은 것이 마음 좋은 것만 못하고 마음 좋은 것이 손 좋은 것만 못하고 손 좋은 것이 발 좋은 것만 못한 법입니다. 관찰보다는 애정이, 애정보다는 실천적 연대가 실천적 연대보다는 입장의 동일함이 더욱 중요합니다. 입장의 동일함 그것은 관계의 최고 형태입니다."《감옥으로부터의 사색》중에서

마르크스주의, 공산주의적 인간형을 잘 보여주는 멋진 표현이다. 20대 청년이던 나 또는 386 운동권 청년들은 신영복의 이 글을

좋아했다. 그러나 그가 믿었던 사회주의는 그가 석방된 지 얼마 후 사라졌다. 그는 출소 후 전 세계를 여행하며 여행기를 남겼다. 그의 여행기는《더불어 숲》이라는 제목으로 출간되었다.

나는 몇 차례 이 글을 읽었다. 그가 경멸했던 자본주의는 전 세계를 휩쓸고 있었고, 그가 열망했던 혁명은 가뭇없이 사라지고 있었다. 그럼에도 그는 고통스럽게 현실을 부정한다. 그는 아마도 자연과 문명이 충돌하는 마지막 장소, 킬리만자로의 산에서 이해하기 어려운 감정을 토로한다.

동물은 문명에서 벗어나 있기 때문에 정신병에 걸리지 않고, 동물의 세계에서는 물욕과 그에 기초한 사회적 갈등이 없다. 여기까지는 문명을 비판하고 자연을 찬양하는 듯하다. 그러면서 얼룩말이 사자의 공격을 피하기 위해 서서 잠을 자고 있다고 하는 등 자연 세계의 엄혹함을 지적하는 장면에서는 또 다른 면모를 보여준다.

심원한 사색을 보여준다기보다는 생각 과잉이다. 나는 자신의 사상이 틀린 것을 확인한 후에 혁명적 지식인이 보여줄 수 있는 혼란을 반영하고 있다고 생각한다. 신영복은 시종일관 미국과 자본주의의 승리를 담담히 인정하면 될 것을 쓸데없이 쟁점을 흐린 것 같았다.

나는 출소 후 신영복의 글을 읽을 때마다, 그냥 절필하는 것이 어땠을까 하는 생각이 든다. 1960년대 농업 사회를 배경으로 혁명가의 길을 걸었던 신영복의 글은 담백하고 풍요롭다. 하지만 출소

후 그가 남겼던 글은 대부분 잡문에 가까웠다.

2.

1980년대 이후 힘과 힘이 충돌하는 격렬한 투쟁 국면이 지속되었다. 많은 사람들이 징역을 산 사람들에게 한수 접어주는 분위기가 있었다. 학생들이라도 감옥을 다녀오면 한수 접어주곤 했다. 신영복은 감옥을 잠깐 갔다 온 정도가 아니라 주사파들의 마음의 고향, 통혁당 장기수였다.

신영복이 출소하자 그에 대한 신비감이 확산되기 시작했다. 그는 성공회대 교수가 되었고 많은 책을 냈다. 누구나 시대의 한계를 넘어서기 어렵다. 신영복의 생각은 1960년대 농업사회 한국에 머물러 있었다. 1950-1960년대 최고 인텔리의 고민을 듣고 싶다면 신영복은 적당했지만, 1990년대 한국을 알고자 한다면 신영복의 한계는 뚜렷했다.

신영복은 말을 갈아타기 시작한다. 신영복의 글에서 마르크스주의 같은 혁명적이고 변혁적인 어구는 사라지고 사람만이 희망이다. 또는 동양 고전에 편승한 아늑한 문구들이 살아남는다. 신영복의 변신은 1990년대 초반 운동권의 분위기와 잘 맞았다. 이들은 1980년대 중·후반 운동권의 과격한 주장들을 받아들일 수 없었다. 반면 그는 그것을 통째로 반성할 능력이나 의지가 없었다. 사람들은 통혁당 장기수의 주장에서 혁명적 말들은 빼고, '사람이 먼저다'와 같은 미사여구를 취했다. 그리고 아름다운 서체에 그것을 담았다. 이렇게 태어난 것이 소주 '처음처럼'의 신영복 서체다. 통혁당 혁명가는 이렇게 대통령과 국회의원이 존경하는 인물이 되었다.

혁명에서 정직함과 위대한 결단은 사라지고 분위기만 남았다. 1980년대 학생들은 저마다 혁명을 꿈꾸었다. 객기에 가까웠지만 그들은 무언가를 했다. 1990년대가 되면 학생들은 사회인이 되었다. 그럼에도 그들은 술자리와 토론회 뒤풀이에서 혁명을 소비했다. 필요한 것은 돌과 화염병이 날아다니는 현실이 아니라, 그것을 적당히 연출할 문화와 분위기였다. 통혁당 혁명가이면서 인간과 역사에 대해 말하는 신영복이 그에 잘 맞았던 것이다.

3.

또 다른 이야기가 있다. 기본적으로 이 내용은 두 번째 책의 주제이지만 간략히만 언급하고 넘어가기로 하자.

문재인 대통령 비서실의 방역기획관으로 임명된 기모란이 있다. 기모란은 통혁당 관련자 기세춘의 딸이다. 기모란의 이름에서 모란은 김일성이 태어난 지명과 관련이 있다. 사람의 이름이야 그럴 수 있다. 문제는 기모란의 사상이 통혁당의 어떤 관련이 있는가하는 점이다.

문재인 정권은 2020년 하반기 백신 확보 국면에서 사회적 거리두기나 연대와 협조와 같은 정신적 가치를 중시했다. 그 연장에 자연의학이 있다. 19세기말 서구 사회가 동아시아를 침범해 오기 시작했다. 여기서 동아시아 엘리트 중 일부는 서구 사회와 맞서는 과정에서 서구 사회가 갖고 있는 발전된 의료 기술 대신 동아시아 전통 의학에서 대안을 찾았다. 문재인 정권이 백신 확보에 미온적이었던 것은 동아시아 엘리트들의 정신세계와 연결되어 있다. 나는 주체사상이 반중적(反中的) 성향을 갖고 있다고 배웠다. 1955년 사상에서 주체라는 논문(〈사상 사업에서 교조주의와 형식주의를 퇴치하고 주체를 확립할 데 대하여〉)은 전후 북한이 산업화를 실천함에 있어 중국과 소련에 의지하지 않고 독자적인 길을 걷자는 것으로 반중으로 해석할 수 있다.

그러나 중국이든 북한이든 일본과 베트남의 공산당이든 그들 모두가 공유했던 신념 체계는 유구한 동아시아 문명이다. 여기에는 농업과 유교 문명, 바둑과 서예와 한의학 같은 문화들이 포함된다. 주체사상이 반중인가, 친중인가의 여부는 정치노선의 문제이다. 마오이즘과 주체사상이나 모두 동아시아 문명위에서 형성된 지류에 해당한다.

한국의 주사파는 맑스레닌주의와 같은 서양 문명의 연장선에서 합리적으로 도출된 것이 아니다. 그들은 동아시아 문명과 그의 지류인 한국 역사와 문명에 뿌리를 둔 독자파이다. 1990년대 초반 주사파가 붕괴되었지만 동아시아 문명을 뿌리로 한 스토리들은 그대로 이어졌다.

2000년대 한반도를 무대로 두 개의 스토리가 펼쳐졌다. 하나는 2007년 스티브 잡스가 시작한 미국발 스토리이다. 또 하나의 이야기는 남북정상회담과 중국의 부상과 연결된 북한과 중국에서 시작된 스토리이다. 문재인 정부는 위 두 가지 흐름에서 후자에 특별한 애정을 보이고 있다는 것이 필자의 주장이다

3

민혁당, 중부지역당, 사노맹
_레닌주의, 지하당 건설이 혁명가의 기본 임무

1.

통혁당-인혁당-남민전의 특징은 전전 세대를 뿌리로 한다는 점이다. 통혁당의 총책 김종태나 남민전의 이재문은 궁극적으로 전전 운동을 뿌리로 한다. 전후 세대의 경우, 통혁당의 길질락이나 남민전의 홍세화 등은 전전 세대의 리더쉽에 따라 지하당에 가입한 경우이다.

이와는 전혀 다른 형태의 지하당이 1990년대 초반에 등장한다. 1992년 민혁당, 1992년 중부지역당이 있다. 이 경우에도 북한과의 연계는 뚜렷하다. 민혁당 김영환은 북한에서 파견된 간첩의 지시에 따라 지하당을 만들고 1991년 북한을 방문한다. 중부지역당 황인오도 북한에서 파견된 공작원의 지시를 받았고 역시 북한을 방문한다.

놀라운 것은 북한의 공작원과 김영환, 황인오가 만남을 갖게 되는 과정이다. 김영환의 경우 북한에서 파견된 ○○○가 아무런 거리낌 없이 김영환을 찾아 자신의 신분을 밝힌다. 김영환은 대남방송을 통해 신분을 확인한 후 별다른 망설임 없이 이에 가담한다.

생각해 보면 놀라운 일인데, 이런 만남이 가능했던 것은 1980년대 중후반 주사파의 특별한 분위기 때문이다. 1985년 무렵 운동권은 레닌주의로 통일되어 있었다. 레닌주의에 따르면 지하당을 만드는 것이 혁명가의 기본 임무였다. 1987년 이후 한민전을 전위조직으로 인정하는 분위기에 따라 주사파 운동권은 한민전과의 만남을 열망하고 있었다. 즉 민혁당 김영환, 중부지역당 황인오는 어느 정도 준비가 된 상태였다는 뜻이다

이를 잘 보여주는 인물이 중부지역당 최호경이다. 최호경은 자생적 주사파들을 규합하여 혁명 조직을 건설해 둔 상태였다. 그는 북한, 한민전과의 결합을 위해 운동권 인사를 북한에 보내 북한과의 직접 결합을 시도한 바 있다. 기록에 따르면 평소에 알고 지내던 황인오가 접근해 오자 이를 북한 라인으로 보았다고 한다. 최호경의 사례는 당시 주사파 운동권의 상태를 잘 보여준다.

1980년대 학생운동은 두 번의 전성기가 있다. 하나는 1985년이고 다른 하나는 1989-1990년이다. 이 중 전자의 경우는 주사파가 본격 도입되기 이전으로 학생들은 맑스레닌주의 또는 삼민과 같은

애매한 경향을 갖고 있었다. 이들은 넓은 의미의 주사파라 볼 수도 있지만 대체로 주사파 이전의 급진적 학생운동 단계로 볼 수 있다. 이런 단계라면 지하당에 관여하기 어렵다.

민혁당의 핵심 리더인 김영환, 하영옥, 박금섭, 중부지역당 황인욱은 서울대 1980년대 초반 학번들이다. 이들은 1985년 급진적 학생운동에서 주사파가 분화될 때 리더의 역할을 한 사람들이다. 여기가 통혁당, 남민전과 구분되는 자생적 지하당의 수원지일 것이다.

비슷한 사례가 사노맹(남한사회주의노동자동맹)이다. 사노맹은 노태우 정권의 타도와 민주주의 정권의 수립, 사회주의적 제도로의 사회 변혁 및 진보적인 노동자 정당 건설 등을 목표로 활동한 자생적 비합법사회주의전위조직이다. 서울대학교 학도호국단장 출신의 백태웅과 노동자 시인 박노해 등이 중심이 되어 1989년 11월 12일 결성되었다. 백태웅의 경우 서울대 81학번으로, 1985년의 급진적 학생운동을 명료한 이념을 가진 정치사상으로 발전시키는데 일조했던 인물이다.

전체적으로 보면 자생적 지하당은 1980년 5·18 이후 1984-1985년 학생운동의 급진화를 이끌었던 리더급 학생운동가 중 일부가 추진했던 프로젝트이다.

2.

지하당 결성의 정세적 배경은 1987년 6월 민주화운동에 대한 해석이다. 급진적 학생 운동의 사상에 따르면 6월 민주화운동은 개량주의의 산물이거나 이로 인해 혁명을 포기할 아무런 이유도 없었다. 따라서 1987년 6월 직선제에도 불구하고 기존의 입장대로 혁명을 추진했어야 하고 혁명의 바로미터는 당시 상황으로는 지하당이었다.

결론적으로 이들의 정세인식은 잘못됐다. 이들 대부분은 불행한 결과를 맞았다. 민혁당의 경우 김영환이 1991년 방북한 이후부터 흔들리기 시작한다. 특기할 만한 것은 김영환이 북한을 방북한 시점부터 김영환의 전향이 시작된 점이다. 주사파의 특징은 북한에 대해 우호적인 생각을 갖고 있지만, 실제로 북한을 가까이 접할수록 북한에 대한 거리감을 갖는다는 점이다.

사실 나도 그랬다. 나는 2000-2002년 일본을 통해 북한과 전화와 팩스로 연락을 주고 받았다. 간접적이나마 북한을 알게 될수록 남한과 북한이 많이 다르다는 생각을 하게 된다. 따라서 남북이 조국통일을 두고 정치적으로 연합한다는 것은, 가능성이 매우 희박한 정치적 프로젝트이거나 실현 불가능한 일이다.

중부지역당 황인오도 그러했다. 황인오는 검거 직후 모든 것을 자백했다. 중부지역당과 관련한 무수한 소문이 돌았다. 황인오가 프락치라거나 황인오가 안기부의 이중공작에 놀아났다거나 하는 등의 소문이 떠돌았다.

나도 많은 이야기를 들었다. 중부지역당에 관련되어 있다는 관계자들로부터도 비슷한 이야기를 들었다. 전체적으로 보면 한민전이나 지하당에 대한 신화적 인식이 그런 문제를 야기했던 것 같다.

1987년 이후 대체로 1990년대 초중반까지 주사파 학생운동권 사이에서는 한민전이나 지하혁명가들에 대한 환상적인 소문이 떠돌아다녔다. 마치 전지전능한 영웅처럼 미화되기도 했다. 신영복에 대한 신화적인 인식도 그러하다.

1999년 2월 비전향 장기수들이 석방되었다. 이들은 2000년 남북정상회담을 앞두고 북한에 송환되었다. 나는 범민련 남측본부 사무처장으로 이들과 얼마간의 시간을 보낸 바 있다. 나도 그들에 대한 신화적인 생각을 가지고 있었다.

그들의 풍모는 범상치 않았다. 약속 시간을 엄수하고 회의나 조직 활동 등에서 보여주는 풍모는 지하당 수준의 활동가가 무엇인가를 잘 보여주었다. 반면 그들의 정세나 시대 인식은 알맹이가 거의 없었다. 너무나 당연한 일이었다. 인간은 자신의 시대를 내포하고 있다. 수십 년을 감옥에서 지낸 사람들이 고도 지식사회, 정보통신 사회를 감당할 수는 없기 때문이다.

1980년대 후반에서 1990년대 초중반 운동권 나아가 대중적인 영역에서 확산된 빨치산 이야기들 대부분은 판타지이거나 주사파 운동권의 주관적 투영에 가깝다. 사노맹도 그러했다. 주사파는 그나마 북한이라는 존재가 있으니 어찌어찌 버틸 수 있었는데 소련

민혁당의 핵심 리더인 김영환. 북한에서 파견된 간첩의 지시에 따라 김영환은 지하당을 만들고 1991년 북한을 방문한다. 시대정신 편집위원 당시 인터뷰하는 김영환(2006년 5월 16일). 동아DB

사회주의권이 붕괴한 이후 사노맹은 그야말로 송두리째 무너졌다.

1998년 김대중 정부는 정치범들의 대대적인 석방에 나선다. 이에 따라 1999년 8월을 기점으로 지하당 운동 관련자들 대부분이 석방되었다. 이로써 1990년대 초반에서 1990년대 후반 주로 1980년대 초반 운동권 학생들이 중심이 된 자생적 지하당 운동은 막을 내린다.

3.

1987년 직선제 직후 운동권들은 상황을 정확하게 인지하지 못했다. 김영환, 황인오 등이 중심이 된 지하당 운동은 그런 시점 즉 1990년대 초반에 이뤄진 사건이다. 1990년대 중반이 되면 1987년 직선제 이후의 정세가 생각보다 견고하고 장기간 이어질 어떤 추세임이 명확해졌다. 이런 상황에서 지하당 운동도 분화한다.

첫 번째는 김영환, 황인오와 동일한 관점에서 북한에 대응하는 경우이다. 1990년대 이후에도 386을 겨냥한 접근 시도가 이어졌다. 알려진 것만 왕재산, 일심회 기타 소소한 간첩 사건들이 있다. 이들 중 영향력이 컸던 사건은 일심회이다.

일심회는 청와대 비서관, 민노당 사무부총장이 거론될 정도로 중요했던 사건이지만, 주사파 386 주류에서 다소 벗어난 사람들이 관여되어 있다. 1990년대 초반 민혁당, 중부지역당은 주사파 386운동권 중 본류가 만들었다면 일심회는 주사파 운동권 중에서 주사적 신념을 갖고 있는 지류의 사람들이 관여된 것으로 보인다.

두 번째 1990년대 중반 주사파들의 상태를 잘 볼 수 있는 사건이 있다. 김동식의 경우 386 운동권을 포섭하기 위해 남파되었는데 그가 만난 사람은 모두 7명이다. 이 중 이인영, 우상호, 함운경은 정부에 신고하지 않았다. 여러 가지 해석이 가능하지만 1990년대 중반이 되면 이미 북한 간첩에 의해 직접 포섭되는 시기는 벗어난 것으로 보인다. 북한 공작원이 자신의 신분을 밝혔을 때 제의를 거부하되 이를 정부 당국에 신고하려 하지는 않는 상태였던 것으로 보인다.

넓게 보면 북한 공작원이 남한의 주사파 운동권을 노골적으로 포섭하려는 시도는 1987년 이후 1990년대 중반 어느 시점까지 있었던 일로 보인다.

세 번째는 민혁당, 중부지역당 잔류파들의 움직임이다.

민혁당, 중부지역당 핵심 관련자들은 비교적 조기에 생각을 바꾸거나 활동을 접은 반면, 본진이 붕괴되었음에도 나머지 세력이 완강하게 활동을 이어가고 있다. 대표적인 사람이 민혁당의 하영옥이다. 김영환이 당 해산을 결의했음에도 불구하고 하영옥은 활동 고수를 주장했다. 기록에 따르면 하영옥이 김영환보다 조직적 세가 넓었기 때문에 민혁당 잔류파들이 폭넓게 살아남았다.

대표적인 것이 전국연합의 부산울산엽합이고 이석기 경기동부연합도 그렇다. 민주노동당이나 통합진보당 그리고 통합진보당 해산 이후 관련 정당(진보당, 민중민주당 등)들이 넓게 보며 그 잔류파들이다. 중부지역당의 경우에는 세력이 아니라 개인으로 살아남았다. 대표적인 사람이 윤민석과 조덕원이 있다.

4

자생적 혁명조직은 '구학련', 82학번 김영환
_반미청년회- 자민통-조통그룹-관악자주파

1.

서울대 구학련은 법대 82학번 김영환이 만들었다. 서울대 83-84 학번들이 중심이었고 조기에 공안기관에 노출되어 1986년 10월 건대사건을 계기로 와해되었다.

서울대 구학련의 역사적 의의는 반미 친북, 주체 사상을 전면화한 것이다. 구학련을 상징했던 사건은 1986년 4월 전방입소 거부 투쟁이다. 당시 2학년 남학생들이 1주일간 전방에 입소하여 군사훈련을 받게 되어 있었는데, 이를 미제의 용병이라 규정하며 반대투쟁을 조직한 것이다. 이 과정에서 김세진, 이재호가 분신 사망하였다. 전방입소 거부투쟁은 실패했지만 구학련의 투쟁은 서울대 운동권에 반미노선을 대중화시키는 계기가 되었다. 서울대에는 수많은 열사들이 있다. 서울대 NL운동권은 김세진, 이재호 열사를 특별히 기념하곤 한다. 나 또한 졸업 이후에도 김세진, 이재호를 추모하는 행사에 참여하곤 했다.

서울대 구학련과 비슷한 조직이 고대 반미청년회이다. 서울대 구학련과 고대 반미청년회가 교류했던 것 같다.

2.

고대 반미청년회가 있으며, 고대 82 조혁, 83 안희정 등이 중심이다. 서울대 구학련은 부주의한 조직 관리와 무모한 투쟁으로 조기에 와해되었다. 반면 반미청년회는 나름 보안에 민감했던 것으로 보인다. 물론 상대적으로 그렇다는 뜻이다.

반미청년회는 1986년 학생운동 진영의 과격성을 지양하고 대중노선을 전면화한 것으로 유명하다. 학생회의 중시, 야당과의 연대, 대중의 공감을 중시하는 구호와 전술 등은 반미청년회의 업적이다. 반미청년회의 운동 혁신이 없었다면 1987년 6월 운동과 전대협의 결성은 쉽지 않았을 것이다. 물론 여기서 한민전의 영향력이 절대적이었음을 기억해야 한다.

1987년 8월 충남대에서 결성된 1기 전대협은 반미청년회의 직간접적인 영향 아래 있었다. 1987년, 1988년 전대협의장이 고대에서 나온 것은 그 때문이다. 1987년 11월 KAL기 폭파사건이 발생하자 반미청년회는 그것이 안기부에 의해 조작된 사건이라고 주장했다. 1987년 말 또는 1988년 초 나는 서울대 학생회관에 붙은 KAL 폭파 관련 대자보를 읽었다. 대자보는 KAL기 사건이 조작인 이유를 설명하고 있었다. 반미청년회가 'K858 사건'을 조작으로 몰고 간 것은 학생운동 역사에 부정적인 영향을 미쳤다.

3.

자민통그룹은 1989-1992년 전대협을 주도했다. 고대 84학번 구해우가 책임자이다. 조직 이름이 자민통인 이유는 그들의 선전물의 이름이 자민통이었기 때문이다. 즉 정식 이름은 없고 안기부가 편의상 붙인 이름이다. 반면 구학련이나 반미청년회는 참가들이 직접 붙인 이름이다. 전해들은 바에 따르면 이는 무정형의 정형을 지향하는 참가자들의 생각 때문이라고 한다.

조직의 이름은 매우 중요하다. 북한과 연계된 조직들은 어떤 식으로든 조직의 이름을 붙인다. 심지어 소조에 가까웠던 왕재산이나 일심회도 뚜렷한 이름이 있다. 북한은 충성과 질서를 중시한다. 따라서 이름이 없으면 계통이 서지 않기 때문에 이름을 달아야 한다. 자민통 그룹이 무정형의 정형을 지향했다는 것은 자민통 그룹이 북한과의 연계가 약했다는 점을 의미한다.

자민통은 1990-1992년 주사파와 전대협 전성기에 활동했다. 따라서 폭넓은 세력을 넓게 규합했다. 여기저기서 주워들은 이야기를 종합하면 자민통 그룹은 새벽, CA 다수파, 노동운동 내 주사파와 연대했다.

구해우에 따르면 "1989년 하반기 노동운동의 새벽그룹(장명국 등)과 연대하면서 전국적인 대규모 통합적 주사파 조직 신 자민통 (구해우 등)을 만들게 된다" 신 자민통은 "자주적 학생회운동론을 통해 교조적 주사파 반대, 활동가 조직의 중요성, 노학연대의 중요성을 앞세워 1990년, 1991년 학생운동을 주도하게 된다"고 지적한다.

4.

연대 조통그룹이 있다. 1987년 시점에서 주요 대학 운동역량을 산술적으로 비교하면 서울대, 연대, 고대가 비슷했다. 서울대는 구학련으로 약화되었고 고대에는 반미청년회와 자민통그룹이 있었다. 구해우에 따르면 1989년 임수경 방북은 조통 그룹이 추진했고 추진과정에 자신이 동의했다고 한다.

1992년 안기부는 전대협내 주사파 조직을 4개로 분류한다. 반제청년동맹, 자민통, 관악자주파. 조통그룹이다. 조통그룹은 그 만큼 세가 크다. 조통 그룹에 대해서는 더 할 이야기가 있으나 다음을 기약한다.

5.

〈새벽〉이 있다. 새벽은 서울대 상대 출신 장명국 선생과 관련되어 있다. 장명국 선생은 울산 등 대공장 지대에서 활동했고 석탑 노동연구소를 운영하며 상당한 영향력을 갖고 있었다. 〈새벽〉이란 석탑 노동연구소에 낸 잡지의 이름이다.

장명국 선생은 1992년 잡지 〈새벽〉에 전민항쟁을 주창하는 문서를 발표해 파란을 일으켰다. 1992년 대선 국면에서 당선 가능한 야당 후보를 지지하자는 내용을 발표하기도 했다. 장명국 선생에 대한 많은 이야기가 있다. 지금은 거의 사라졌지만, 당시에는 상당한 세력을 갖고 있었다.

장명국은 1990년대 초 시점에서 보면 특이한 사상을 전개하고 있었다. 주체사상과 거의 유사한 문구나 논리구조를 갖고 있었다. 마르크스주의에 익숙했던 사람들이 볼 때는 매우 낯선 것이었다. 반면 장명국 선생의 주장과 논리는 주체사상과 매우 유사하고 단어를 조금 바꾼 정도였다. 돌이켜 보면 장명국 선생의 사상은 북한식 주체사상에서 북한 추종적 요소를 털어내려고 한 것 같다. 특별히 주체사상의 수령론에 동의하지 않았던 것 같다.

지금은 많이 잊혀지고 있지만 장명국은 운동사에서 매우 중요한 인물이다. 서울 상대 출신의 인텔리가 1980년대 중후반 주체사상과 거의 유사한 사상을 갖고 있었다는 것은 특이한 일이다. 그것은 학생운동의 역사적 기원과 관련된 단서들을 갖고 있다. 글로 소개하는 것은 적합하지 않을 것 같아 이 정도로 정리한다.

5

민주정부 출범, 사회주의 몰락, 관념적 과격 주사파
_화염병은 총으로, 내 무덤가에 총 한 자루 놓아 주오

1.

주사파 학생운동 역사에서 중요한 계기는 소련 동구권 붕괴와 김영삼 정부의 출범이다. 두 가지는 1980년대 학생운동권이 갖고 있던 레닌주의적 성향에 타격을 주었다. 상황에 적응하는 유연한 대응과 적응이 긴요했다.

자민통 그룹의 리더였던 구해우의 글에 보면, 그런 모색을 엿볼 수 있다. 그에 따르면 자민통 그룹을 신구 자민통을 구분할 수 있는데, 신 자민통은 주사파이긴 하지만 새벽 그룹 등과 결합한 보다 대중적인 성격을 가졌다고 한다. 그런데 자민통이 검거되면서 교조적 주사파가 발흥했다. 구해우가 지적하고 있는 교조적 주사파 조직은 다름아닌 중부지역당이다. 그리고 한총련 중 개별 NL을 그렇게 볼 수 있다. 중부지역당은 북한 공작원 이선실이 황인오를 접선하여 만든 조직이다. 특기할 만 것은 이선실-황인오 만남이 있기 전 최호경이 독자적인 조직을 갖고 있었다는 점이다. 주사파 조직에서는 북한선을 쥐고 있는 사람이 중심이다. 황인오가 최호경의 조직을 접수하여 조직이 커졌다.

구해우에 따르면 중부지역당은 매우 교조적인 색채를 띠고 있었다. 중부지역당 멤버였던 윤민석을 소개하는 것이 좋을 듯하다. 윤민석은 한양대 84학번으로 '전대협 진군가'를 작곡한 사람이다. 전대협-한총련에서 빼놓을 수 없는 중요한 인물이다. 윤민석은 전대협진군가 뿐만 아니라 많은 학생운동 노래를 만들었다. 그 중 중요한 노래가 '전사의 맹세'와 '애국의 길'이다. 노래를 소개한다. 유튜브에서 들을 수 있다. 전사의 맹세 1절이다.

밤이 깊어 별이 하나 / 머리위에 빛나거든 /
눈물 대신 내 무덤가에 총 한 자루 놓아 주오.
기쁘게 싸워 쓰러진 넋이라도 / 일어나 싸우리니
해방 전사를 기억해주오 / 민족의 아들을….

1987년도 충분히 과격했다. 그들은 자신의 모습을 화염병을 든 투사로 묘사하곤 했다. 윤민석에 이르러서는 그것만으로도 부족했던 것 같다. 이제 그들은 총을 든 전사로 발전한다. 1990년대 초반 서울에 총이 있을 리 없다. 윤민석이 주장했던 총은 현실에 존재하지 않는 1930년대 만주를 배경으로 한 것이다.

지금도 그런 광경을 쉽게 볼 수 있다. 일부 세력이 반일해야 한다는 주장을 하곤 한다. 그들은 반일의 정당성을 찾기 위해 2020년 한국이 아니라 1920-1930년대 만주를 끌어들인다. 반일 주장을 극적으로 포장하기 위한 일종의 장치 같은 것이다.

학생들의 정서와 문화를 가장 잘 보여주는 것은 노래였다. 노래는 손쉽게 투쟁의 현장에서 집단적인 결속을 확인할 수 있는 무기였기 때문이다. 〈천리마〉, 〈희망새〉 등의 노래가 인기를 끌었다.

이석기가 법정에서 불러 화제가 되었던 노래를 소개한다.

> 동만주를 내달리며 / 시린 장백을 넘어 /
> 진격하는 전사들의 / 붉은 발자국 잊지 못해
> 돌아보면 부끄러운 / 내 생을 / 그들에 비기랴마는
> 뜨거웁게 부둥킨 동지 / 혁명의 별은 찬란해
> 몰아치는 미제에 맞서 / 분노의 심장을 달궈
> 변치말자 다진 명세 / 너는 조국, 나는 청년

여기서 동만주의 주체는 김일성이다. 마지막 문구인 너는 조국, 나는 청년은 김일성이 어린 시절 동지였던 김혁을 두고 나눴다는

멘트이다. 북한 영화 조선의 별에 나오는 장면에서 따온 것이다.

이 노래는 경기남부총련 노래단 〈천리마〉가 부른 노래이다. 노래패 이름 〈천리마〉도 당연히 북한을 상징하는 단어이다. 사실 나는 이 친구들을 잘 안다. 범민련 행사가 있을 때 우리는 '천리마의 노래'를 들으며 결의를 다지곤 했다. 1990년대 초중반 서울에서 우리는 그렇게 살았다. 구해우가 말한 교조적 주사파란 이런 걸 두고 하는 말인 듯하다.

2.

교조적 주사파의 또 다른 흐름은 개별 NL이다. 긴 안목에서 보면 나도 여기에 해당한다. 1987년 이후 혁명의 시대가 끝났다. 혁명가를 자처하던 시대도 막을 내렸다. 이제는 운동권의 개인 또는 서클들이 혁명가를 자처하며 활동하기 시작했다. 무대는 통일운동이었다.

통일운동 이야기는 많이 했다. 여기서는 당시의 정서를 중심으로 소개한다. 남한의 개별 주사파는 문익환류의 생각을 부정하며 자신을 채근하기 시작했다. 그들은 그것을 '원칙, '지조와 신념', 또는 '신념의 강자'라 불렀다.

당시 유행했던 노래를 소개한다.

동요하는 배들은 / 닻을 내려라

흔들리는 삶 속엔/ 희망이 없어

고독한 밤배도/ 노를 저어 가자

우리들의 푸른 꿈이/ 그 곳에 있다면

투쟁에 나서면 / 끝장을 보아라 / 투쟁을 입으로 하지 마라

이 목숨 다바쳐 / 싸우지 않고선 / 이제는 끝났다 하지 마라

내 조국은 아직도 아직도 식민지 / 우리가 할 일은

미국놈 몰아내는 것 /

내가 철들어 간다는 것이 / 제 한몸의 평안을 위해

세상을 적당히 길드는 거라면 / 내결코 철들지 않겠다

오직 사랑과 믿음만으로 / 굳게 닫힌 가슴열어내고

벗들을 위하며 서로를 빛내며 / 끝까지 함께하리라

모진 시련의 세월들이 / 깊은 상처로 흘러가도

변치 않으리 / 우리들의 빛나는 청춘의 기상

우리가는 이 길의 한생을 /

누구하나 알아 안주어도 / 언제나 묵묵히 신명을 다바쳐 / 제자
리 지켜 내면서

진짜 의리라는 게 무언지 참된 청춘의 삶이 무언지 / 몇마디 말
아닌 우리의 삶으로 기꺼이 보여주리라

1992-1994년 많이 불렀던 노래들이다. 특히 문익환의 '동요'에 맞서 범민련과 범민족대회 사수가 중심 의제였던 1993-1996년의 통일행사들에서 그랬다. 지조와 원칙을 중시했던 주사파의 입장과 태도는 바야흐로 북한으로 비화하는데 희망새의 노래 〈세상을 바라보라〉가 그러하다.

불행하게도 꿈을 꾸고 있었다.

3.

1990년대 초반이 되면 각 단위 학교에 주사파를 신봉하는 학생들이 자생적으로 소조 형태의 조직을 구성하는 사례들이 늘어났다. 이들을 통틀어 '자주대오'라 한다. 자주대오는 반미청년회 등의 혁명 조직과 달리 단위 학교를 무대로 한다. 단위 학교에서 학생들끼리 주체사상에 대해 토론하고, 정세와 투쟁 방침에 대해 논의하던 모임으로 혁명 조직이라기보다는 주사에 대한 신념을 갖고 있는 개인들의 결사체에 가까웠다.

대부분의 대학에서 자주대오는 몇 명 되지 않는 서클이었다. 그러나 광주·전남 지역의 경우는 달랐다. 이들은 학교 내에서 주류였다. 그들 중 남총련의 투쟁조직 오월대와 녹두대가 가장 유명하다. 1992년을 경계로 전국적 전망을 갖는 지하당, 혁명조직들이 붕괴한 조건에서 조국 통일을 둘러싼 논란들이 격화되었다. 결정적인 계기가 1994년 범민련-민족회의 조직 논쟁과 1995년 8월 행사를 둘러

싼 논쟁이었다.

여기서부터는 상황이 복잡해진다. 주사파라고 자처하는 많은 사람들이 북한과 한민전의 기본 방침이 정확히 무엇이었는지 모른다 북한과 한민전은 원칙을 고수하되 가능한 폭넓은 대중운동과 연대 연합을 중시했다면 남한의 주사파는 원칙이라는 이름하에 자기만의 세계로 움추러 들었다.

이를 요약하면 다음과 같다.

첫째, 민혁당이 범민련 해소론을 주장했지만 북한은 '김일성의 교시'라며 이를 받아들이지 않았다. 둘째, 1994년 민족회의가 출범하자 범민련을 범민족적인 통일 운동체, 민족회의를 범국민적 통일 운동체로 구분하고 양자의 역할분담을 통한 전반적인 통일운동의 활성화에 주목한다. 반면 주사파들은 민족회의를 개량주의 조직으로 보고 그것이 갖는 의미를 부정했다. 셋째, 1995년 통일운동에 조국해방 50돌 행사를 성대히 개최하고 6차 범민족대회를 부문 행사로 개최하는 것이었다. 반면 주사파들은 민족회의와 민족공동행사를 다분히 기회주의로 매도하고 그 대안으로 범민련과 조국해방 50돌 행사를 강조했다.

북한의 방침은 실현되기 어려운 것이었다. 민족회의 세력이 훨씬 큰 조건에서 범민련이 범민련을 고수하고 또 민족회의의 중심에 선다는 것은 현실적이지 않았기 때문이었다. 현실에서 범민련과 범민족대회를 고수하는 것조차 힘든 것이었다. 이로부터 범민련은 자신을 지키기 위한 방침을 채택한다. 이것이 범민련과 6차 범민족대회 사수 방침이다. 범민련은 기층의 개별적 주사파들에게 자신의 방침을 호소하는데, 개별적 주사파들이 합류하기 시작한다.

내가 그랬다. 1990-1991년 공장 생활을 하던 나는 공장생활을 접고 관악지역의 청년회 활동을 하고 있었다. 나중에 알았지만 공장생활을 할 때는 민혁당의 느슨한 영향력 아래 있었던 것 같다. 1995년 통일운동 논란이 시작되자 나는 범민련의 입장에 서서 활동했다.

범민련에는 나름 역량 있는 청년 간부가 없었다. 당시 20대 후반이던 나는 범민련의 입장에서는 중요한 인물이었다. 나는 그때부터 일과 가정을 전폐하고 10년간 범민련 남측본부 사무처장으로 일했다.

이 개별적 주사파가 6-7기 한총련 집행부를 장악한다. 이들이 1996년 연대사태와 1997년 한총련 출범식 투쟁의 주역이다. 1996-1997년을 계기로 자생적 주사파와 이들을 대표했던 남총련의 시대가 끝났다.

1996-1997년 이후 전대협-한총련 운동은 사실상 막을 내렸다. 1996-1997년 이후 여러 대학에서 주사를 유지하던 개인들을 모아 조직을 재건하려던 시도가 이른바 비선이다. '비밀스러운 선'이라는 뜻인데, 그 만큼 학생 대중 차원에서 조직을 유지할 수 없는 상태를

반영한다. 1996-1997년 남총련 몰락을 끝으로 학생 운동을 배경으로 한 주사파의 시대는 막을 내린다. 그 다음 단계는 민중형 주사파이다.

6

마음의 고향, 범민련에서 민노당으로
_민중적 주사파, 경기동부연합-인천연합-울산연합

1.

주사파 운동 조직은 크게 두 가지로 나눌 수 있다. 하나는 1986-1995년 학생형 주사파 조직이고 다른 하나는 1995년 이후 민중적 주사파이다. 전자는 주로 서울의 주요 대학에서 강의실과 운동장 등 학생들이 생활하는 생활공간을 무대로 진행되었다. 반면 후자는 특정 지역을 거점으로 카페나 사무실 등 지역 생활 공간을 배경으로 진행된다.

1987년 6월 민주화 운동과 함께 각지에서 주사파 운동이 성장한다. 이 중 특별한 곳이 용인성남을 중심으로 한 경기동부연합, 인천을 무대로 한 인천연합, 울산을 배경으로 한 울산연합이 중요하다. 그밖에 광주전남연합, 부산연합 등이 있다.

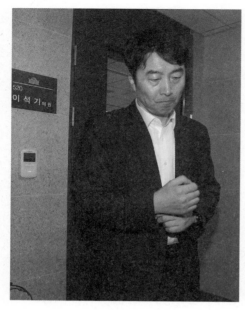

입 굳게 다문 이석기. 내란음모 혐의로 사전 구속영장이 청구된 통합진보당 이석기 의원이 2013년 8월 30일 오후 입을 굳게 다문 채 자신의 국회의원회관 사무실을 나오고 있다.

이들은 첫째, 1980년대 초반 학번 정도의 카리스마 있는 리더들 중심으로 활동했으며 둘째, 특정 지역을 배경으로 한 조직화 셋째, 1990년대 중반 전국연합의 지역조직을 배경으로 활동했다. 넷째, 군자산의 약속을 계기로 민주노동당을 사실상 주도했고 다섯째, 통합진보당 해산을 배경으로 세력이 약화되었지만 여전히 영향력을 갖고 있다는 특징이 있다.

2.

민중적 주사파에는 카리스마 있는 리더가 존재한다. 학생들이 학교에 밀집해 있는 것과 달리 지역을 거점으로 하고 있는 만큼 조직화가 쉽지 않다. 따라서 조직적 수완이 있는 카리스마 있는 리더가 없다면 조직하기가 쉽지 않다. 경기동부연합은 이석기, 인천연합은 강희철이 그런 인물이었다.

이들은 일단 경기동부, 인천 등에서 세력을 키운 후 서서히 학생운동에 개입하기 시작했다. 1995-1997년의 경우 민중적 주사파는 한총련 집행부를 부분적으로 균점한 수준이었다. 1996년 4기 집행부의 경우 남총련을 중심으로 한 자생적 주사파가 실권을 잡고 있었지만, 경기동부의 학생조직이 상당한 수준에서 이를 견제하고 있었다.

경기동부의 학생조직은 서울대의 노학연대선봉대(노선대)를 중심으로 사람사랑학생회라는 기치 아래 활동했다. 1990년대 중반 북한에 대규모 수해가 나자 한총련 주류는 이를 외면했지만 경기동부 학생조직은 이북동포돕기운동을 통해 파란을 일으킨 바 있다.

2000-2003년에는 민중적 주사파가 학생 위주의 주사파를 압도하기에 이른다. 한총련은 전임 집행부가 차기 집행부를 인선하면 대개의 경우 노선이 유지되기 마련이다. 그것이 뒤집어진 것은 거의 없었다. 2001-2003년의 경우 집행부가 뒤집어진다. 2001년 최승환(부산대), 2003년 정재욱(연세대) 등이다.

엄밀히 말하면 최승환과 정재욱은 학생 내부에서 권력 투쟁의 산물이라기보다는 전국연합 3파가 세력을 확장하면서 벌어진 일이다. 2001년 군자산의 약속 이후 주사파의 중심은 민주노동당으로

급격히 이동한다. 그마저 한총련 내의 내분이 심화되면서 전대협-
한총련 운동은 2003년을 계기로 사실상 막을 내린다.

제4부
민주화 운동과 주체사상

1

지사적 열정(60년), 소그룹(70년), 5·18로 사상의 봇물
_김근태, '발뒤꿈치 고문딱지'

1.

1945-1953년 38선을 정점으로 두 개의 세계가 극적으로 충돌했다. 두 개의 세계 중 미국과 자본주의를 중심으로 한 하나의 세력이 남한을 석권했다. 또 하나의 세계는 38선 이남에서 절멸에 가까운 타격을 입었다. 그렇다고 아예 제거된 것은 아니었다. 1960년대 인혁당과 통혁당, 1970년대 남민전 등 북한과 공산주의를 뿌리로 한 세력이 남한에 영향력을 확대하기 위해 다양한 시도를 벌였다. 1960년 4·19는 전후 태어난 신세대를 뿌리로 한다. 민주화 운동 진영 또한 이들 전후 세대를 배경으로 한다.

주사파 운동에 대한 뿌리 깊은 쟁점은 남한에서 주사파 운동이 발원하게 된 과정에서 전전 세대의 영향력이 어느 수준에서 작동했는지의 여부이다. 이는 북한의 영향력과 개입이 어느 정도였는지도 직결되어 있다. 통혁당과 남민전 또한 근본적으로 북한을 뿌리로 하고 있었기 때문이다.

전체적으로 보면 한국의 민주화운동은 4·19에서 태동한 신세대가 어떻게 성장했으며 그 과정에서 전전 세대 특히 북한과 어떻게 결합되었는가를 규명하는 과정이다.

2.

1984년 인문대 앞 잔디밭 '한국 경제의 전개 과정'을 주제로 1학년들과 세미나를 하고 있었다. 세미나를 이끈 것은 82학번 최○○ 이다. 책을 집필한 사람들은 주로 변형윤과 같은 해직교수들이었다.

책의 내용은 다음과 같았다. 하나는 외자에 의존하지 않고 농업에 뿌리를 둔 국내 자본을 통해 점진적, 균형적으로 경제를 발전시켜야 한다는 것이다. 다른 하나는 한국만으로는 문제가 해결되지 않기 때문에 조국 통일을 통해 경제 구조를 완성해야 한다는 것이다. 세미나를 마치며 나는 이런 주장에 동감했다. 나는 따뜻한 봄볕을 온몸으로 느끼며 잔디밭을 떠났다.

이런 주장의 뿌리는 식민지 반봉건 사회론과 인민민주주의 혁명론이다. 이런 맥락이면 북한은 우호적인 대상이 된다. 남한은 정부가 없는 상태에서 민간 역량에 불가하지만, 북한은 정부의 역량이 동원된 군사력과 경제력이 있는 까닭에, 남한 운동은 북한에 의

존하게 된다. 그럴 경우 북한의 지위는 더 격상된다. 따지고 보면 이런 생각의 기원은 대부분 북한이었다.

4·19 이후 한국 사회 변혁에 대한 태도는 조국 통일과 조국 통일에서 북한 주도성을 인정하는 방향으로 이어진다. 그리고 다시 순차적으로 북한 정통론으로 발전하는 구조이다.

가령 조정래의 장편 소설 《태백산맥》은 일제 치하의 지주-소작 관계를 다룬다. 독립운동가와 친일파와 같은 정치적 대립도 이를 중심으로 이뤄진다. 결국 지주-소작 관계와 거기서 배태(胚胎)된 친일 문제를 근본적으로 해결한 북한과 이에 미온적이었던 남한의 문제로 이어지는 것이다.

박현채의 《민족경제론》이 그런 시각을 갖고 있었다. 김대중의 생각은 1995년을 전후하여 두 시기로 나눌 수 있다. 1995년 이전 김대중의 《대중경제론》은 박현채와 거의 유사하다. 1984년 내가 학교 교정에서 읽었던 서적들은 그런 생각들을 순화해서 정리한 것이다.

3.

4·19 이후 1960년대 학생 운동의 이슈는 한일협정이었다. 산업화를 추진하는 과정에서 군사 정부는 일제 자본과 기술을 도입했는데 전근대적인 잔재가 강하게 남아 있는 1960년대 관점에서 학생들은 일본에 기댄다는 발상을 받아들이지 못했던 것 같다. 1960년대 운동은 반일을 고리로 강한 대중성을 갖고 있었다.

1970년대가 되면 상황이 확연히 달라진다. 남북 사이에 힘의 균형이 무너지고 산업화가 본격 진행되면서 한국 사회가 급격히 변화하기 시작한 것이다.

학생 대중은 빠르게 변화하기 시작했다. 1970년대 초반 박인희, 트윈 폴리오 등 서구 문화에 영향을 받은 대학문화가 세력을 넓혀가기 시작한다. 이들은 1970년대 중후반 대학가요제와 개그 컨테스트에 자리를 내주며 새로운 유형의 청년 지식인들 토해 내고 있었다.

반면 학생운동 진영은 급진적 이념에 젖어들기 시작한다. 그들은 맑시즘과 마오이즘 등 사회주의 이론에 경도되었다. 1960년대 운동이 지사적 열정에 도취된 대중적인 운동이었다면, 1970년대는 소그룹 단위의 폐쇄적인 구조를 갖고 있었다.

1970년대를 압도했던 것은 유신이었고 그 정점에 5·18이 있다. 1970년대 학생들의 회고와 기록들을 보면, 모두를 압도했던 것은 두려움이었던 것 같다. 1970년대 학생 운동에서 회자되었던 이야기가 있다. '맞으면 불게 되어 있기 때문에 아예 배신의 소지를 없애야 한다'는 것이다. 그들 다수는 무언가를 하기 보다는 스스로를 지키는데 중심을 두었다. 유신 치하에서 그들은 그야말로 근근이 명맥을 유지하며 버티고 있었다.

상황을 돌변시킨 것은 5·18이었다. 광주에서 군부가 저지른 야만적인 행동이 어린 학생들의 마음에 불을 질렀다. 그들은 군부에 맞서는 그들만의 정서와 사상을 발전시켰다. 맑스레닌주의와 같은 공산주의 혁명이론들이 봇물이 터지듯 확산되었다. 처음에는 일부가 나중에는 학생운동 다수가 자신의 행동을 반독재 운동을 넘어 혁명 운동이라 규정하기 시작했다.

4.

스스로를 혁명가로 규정한다면 필요한 것은 이론보다는 실천이었다. 레닌주의가 급격히 확산된 배경이 그러했다. 레닌주의의 함의는 간명했다. 당을 만들고 무장봉기를 일으키라!! 연장선에서 혁명조직들에 대한 관심이 고조되었다. 통혁당과 남민전이 대표적이었다. 특히 남민전이 강력한 영향을 미쳤다.

언론인 홍세화가 프랑스 망명 기간에 택시운전을 하면서 느낀 점을 쓴 책인《나는 빠리의 택시운전사》'에는 남민전 이야기가 비교적 상세히 나온다. 책에는 프랑스 상사원이었던 그가 남민전 사건에 연루돼 프랑스에 망명하게 된 이야기부터 우익들의 백색테러로 우울했던 유년 시절 등 다양한 이야기들이 실려 있다. 홍세화는 남민전 책임자 이재문에 대한 각별한 애정을 보인다. 남민전 가입을 주저할 때의 일화를 다음과 같이 소개한다.

이재문은 직접 제작한 남민전 깃발이 "지독한 고문을 받아 이른바 인혁당 재건 사건에 연루되어 처형된 여덟 사람이 마지막 입은 수의를 모아 짜서 만든 것이다."라고 서술했다. 당시 망설이던 홍세화는 그 이야기를 듣고 남민전 가입을 결심했다고 한다.

나는 2-4학년 내내 이런 이야기를 수없이 들었고 삶의 중요한 대목마다 나 자신을 채근하곤 했다. 나는 유독 선배들의 회고담을 좋아 했다. 그 중에는 구미 유학생간첩단 사건 김성만과 김근태의 이야기가 있다. 김근태가 고문을 당하는 와중에 고문의 증거가 되는 발뒤꿈치의 딱지를 간직하는 광경에서 정말 펑펑 울었던 기억이 있다.

홍세화는 1947년생으로 서울 공대 66학번, 서울 문리대 69학번이다. 홍세화의 회고에서 중요한 것은 그가 이재문, 인혁당과 남민전에 대해 두려워하면서도 사상적인 거부감을 갖지 않았다는 점이다. 거부하기는커녕 혁명의 시원(始原)으로 보고 일정한 경외감을 갖고 있었다.

홍세화가 남민전에 가입한 것이 1970년대 후반이었던 점을 기억해야 한다. 1980년대가 되면 직업적 운동가를 자임하는 3-4학년 학생 거의 대부분이 그러했다. 실제로 1985-1986년 주체 사상이 본격 도입되는 과정에서 구미 유학생 간첩단 사건의 김성만 등이 쓴 북한의 혁명론을 국내에 본격적으로 소개한《예속과 함 성》(1983)과 《남민전 공소장》등이 광범위하게 읽히고 있었다.

1985년 무렵 여러 가지 기억들이 있다. 한번은 83학번 선배가 김성만이 쓴《예속과 함성》에 대해 말했다. 그는 학생운동권 주변을 떠돌던 다양한 유인물과는 차원을 달리 하는 문건이라며 긴장하고 있었다. 1986년 구학련이 만들어질 당시 공공연히 잡히면 적어도 무기징역이라는 이야기가 돌기도 했다.

남민전을 비롯해 전후 학생운동이 전전 세대와 결합한 것에 대한 평가는 두 가지다.

첫째, 학생운동의 수준은 당시에 매우 일천했다. 그들은 1970년대가 되어서야 맑시즘 원문을 읽는 수준이었고, 고문 등 맞는 것에 대한 원초적 두려움을 갖고 있었다. 반면 남민전은 직업적으로 단련된 혁명가들이었다. 따라서 남민전이 보여준 결의와 전략 전술은 학생운동의 관점에서 보면 차원을 달리했다. 남민전은 학생 운동의 운동 역량을 급격히 고양시킨 측면이 있다. 둘째, 남민전의 정세 인식은 학생 운동의 사상이론 수준을 지체시킨 요인으로 작용했다. 남민전의 정세인식은 통혁당이 활동하던 1960년대와 전혀 다르지 않았다. 1970년대 중반이 되면 박정희 정권이 추진했던 산업화가 모습을 드러내며 한국 사회를 바꾸고 있었다. 하지만 남민전은 이런 변화를 감지할 수준을 갖고 있지 못했다. 그들은 전통과 원칙이라는 이름 아래 한국을 식민지, 반봉건 사회라 보고 있었다. 따라서 학생 운동가들이 남민전에 경도된 점은 학생운동이 남민전이 갖는 낙후한 인식에 휩쓸릴 것임을 예고하는 불행한 징후였다. 그리고 실제 그렇게 되어 갔다.

2

리영희와 통일운동, '사상의 은사'

_1974년《전환 시대의 논리》, 제3세계 사회주의
_중국, 베트남 그리고 북한 순으로 진전

1.

한국 민주화 운동사에서 1945-1953년과 그 이후 운동의 차이
는 크다. 전전 세대가 인적, 조직적으로 절멸에 가까운 타격을 받은
반면 전후 세대는 4·19를 기점으로 서서히 발전해 가고 있었다. 운
동에서 비약이란 좀처럼 존재하기 어렵다. 전후 세대의 사상적 도
약을 위해서는 징검다리가 필요했고, 그 첫 번째는 통혁당과 남민
전 등 전전 세대에 뿌리를 둔 혁명조직이다. 두 번째는 몇 가지 계
기가 있으며, 가장 중요했던 인물은 리영희다.

2.

2차 대전 후 세계를 가르는 방식 중 제1세계, 제2세계, 제3세계

로 구분하는 방식이 있다. 서방 자본주의 세계를 제1세계, 소련 사회주의권을 제2세계, 기타 국가를 제3세계라 불렀다. 세상을 구분하는 다른 방식 중에는 선진국-후진국-개발도상국 등의 구분이 있다.

전후 아시아, 아프리카, 라틴아메리카에 광범한 독립 국가들이 형성되었는데, 이들 나라들은 구 제국주의를 비판적으로 보고 독립된 국가에서 서방 선진국의 영향력이 유지되는 것을 문제라고 생각했다. 이 같은 문제 의식을 단적으로 보여준 것이 신식민지이다. 그들은 정치적 주권을 찾았지만, 경제적·문화적으로 서방 선진국으로부터 독립하지 않는다면 여전히 식민지의 일종인 신식민지라는 주장이다. 따라서 이들 나라들은 독립된 나라의 산업화 경로로 자본주의적 방식을 선호하지 않았다.

한편 이들 나라들은 소련의 영향력이 확대되는 것도 원치 않았다. 중국이나 인도와 같은 유서 깊은 문명 대국들이 이런 입장을 취했는데, 미국에 반대하되 소련과도 동맹을 맺지 않는다는 점에서 비동맹이라 불리기도 했다.

1970년대 미소 냉전 체제가 이완되면서 복잡한 양상을 보이기 시작했다. 미국은 중국과의 핑퐁 외교(pingpong 外交, 탁구를 통해 미국과 중국의 수교를 맺은 스포츠 외교)를 통해 중소 사이의 균열을 파고들며, 국제 정세를 중층적인 국면으로 몰아가기 시작했다. 베트남전쟁 이후 베트남과 중국 사이의 전쟁이 발발했는데, 이 또한 민족주의의 중요성과 정세의 복잡성을 예고하는 것이었다. 서구 사회에

리영희(李泳禧) 교수. '사상의 은사'로 불렸던 한양대 리영희 교수. 반공이 절대적이던 냉전의 한 복판에서 냉철한 이성과 용기로 평화와 민주주의를 앞장서 외쳤다. 오른쪽 사진은 1974년 출판한 《전환 시대의 논리》 표지.동아DB

서 신세대 청년들이 68혁명을 불러일으키는 가운데 이란에서는 복고적 혁명이 벌어지기도 했다.

제3세계 동아시아 사회주의에 주목한다면 3세계의 맹주격이던 중국은 1978년을 기점으로 개혁개방으로 선회했다. 1986년 베트남도 중국의 뒤를 따랐다. 이들 나라들은 3세계가 1세계와의 협력을 통해 발전해야함을 선언한 것이다.

3.

리영희가 인기를 끌기 시작한 계기는 1974년 출판한 《전환 시대의 논리》를 펴내면서부터다. 이 때부터 1970년대 후반 주로 3세계 동아시아 사회주의에 대한 탐구를 한다.

리영희는 중국, 베트남에 대한 서방 세계의 편견을 부수며 중국, 베트남의 진실을 소개하는데 일조했다. 1970년대 사람들은 중국 본토를 중국 공산당이 장악하고 있다는 점에서 중공이라 부르고 지금의 타이완[臺灣] 섬에 거주하는 중국을 진정한 중국, 즉 자유중국이라 부르고 있었다. 베트남의 공산주의자들에 대해서도 베트콩이라 부르며 이들을 폄하하고 있었다.

리영희의 작업은 중국 공산당, 베트남 공산주의자들이 소련의 조종을 받는 꼭두각시가 아니라, 해당 지역에서 민중의 지지와 염원에 기초한 정치 세력임을 설득력 있게 보여주었다. 리영희는 방대한 자료와 실증적인 데이터를 통해 이런 작업을 진행했다. 이 과정에서 많은 지식인들이 기존 생각을 넘어서는 과정을 겪게 되는데, 이런 과정을 통해 리영희는 '사상의 은사(恩師)'로 불리기도 한다.

그러나 그의 작업은 또 하나의 금기를 넘어서지 못했다. 제3세계 사회주의에 대한 리영희의 평가를 잘 보여주는 것은 1976년 중국의 헤베이[河北] 탕산[唐山] 대지진에 대한 평가다. 그는 1988년 한겨레신문에 기고한 글에서 1976년 탕산 대지진과 1977년 뉴욕시 정전 사태를 비교한다. 사회주의 치하의 탕산 지진에서 시민들이 헌신적인 모습을 보인 반면 자본주의 치하였던 뉴욕 정전 사태에서는 무정부상태였다는 것이다.

그는 칼럼에서 이렇게 기술했다.

"중국은 지금 미국식의 물질적 풍요를 이루려고 안간힘을 쓰고 있다. 시민들은 코카콜라에 입맛을 들였고 지식인들은 보다 절묘한 노동자 관리를 위해서 MIT 대학 경영학 교과서를 들고 밤을 새운다. 자본 원리와 물질주의의 신이 도덕주의와 평등사상을 추방했다. 지금 중국 사회는 타락과 부패, 사기와 횡령, 범죄와 인간 소외의 깊은 늪으로 빠져 들어가고 있다. 탕산시의 무역대표단이 한국 자본주의를 배우러 온다는 소식이다. 나는 사랑하는 탕산 시민들을 위해서 애도사를 쓴다."

전쟁에서 사회주의적 신념 체계는 불가의사한 힘을 발휘하는 경향이 있다. 2차대전 때 소련이나 민족해방투쟁 과정에서 중국이나 베트남이 그렇다. 1970년대 중반 리영희가 중국이나 베트남에서 봤던 모습이 그런 것이다. 리영희는 거기에 과도한 의미를 부여했고, 그것이 전쟁을 넘어 사회구성 원리로 작동할 수 있다고 본 것 같다. 1988년 한겨레신문에 게재한 칼럼은 그런 의미로 해석이 가능하다.

4.

1980년대 초반 운동권들은 중국, 베트남을 넘어 북한으로 발전하기 시작한다. 당연하다. 중국, 베트남, 북한 모두는 1970년대 3세계 동아시아 사회주의의 일원이기 때문이다. 질문도 간단하다. 리영희가 밝힌 것처럼 중국, 베트남 사회주의가 그렇다면 북한은 어떠한가? 북한에 대한 의문은 단순히 지적인 의문을 뛰어 넘는다. 북한은 우리 일상과 밀접히 연관되어 있었기 때문이다.

몇 가지 갈래에서 북한을 해명하기 위한 작업이 시작된다. 먼저《해방전후사의 인식》이 있다. 해전사는 2차 대전 후 역사에서 북한이 정통임을 은연 중 암시한다. 4·19 이후 민족자립경제와 같은 생각이 주로 경제학에서 그렇게 했다면, 해전사는 독립운동과 친일파 등 정치적 문제와 보다 직결되어 있었다. 두 번째는 통

《해방 전후사의 인식》표지

혁당과 남민전 등 전전 세대를 배경으로 한 혁명조직들이 있었다. 세 번째는 진보 지식인 로버트A. 스칼라피노, 와다 하루키 등 외국계 지식인들이 1920-1930년대 공산주의 운동을 정리해 놓은 연구 성과들이 있었다.

도처에 인화 물질이 가득했다. 남은 것은 이들 모두를 하나로 엮

어 하나의 얼개로 연결해 완성된 스토리를 만드는 것이다. 이 작업이 1985-1986년 서울대 학생들 몇몇에 의해 벌어지고 전개된다. 이 과정은 다음에 기술한다.

강조할 것은 이 과정에서 리영희의 역할이다. 리영희의 업적은 1970년대 중후반 동아시아 사회주의와 거기서 배태된 사회구성 원리를 긍정적으로 평가하는 것이다. 이를 같은 맥락에 있는 북한에 적용해 본다면 북한 사회주의를 긍정적으로 묘사하는 방향으로 발전한다.

1990년대 소련 사회주의권이 붕괴되는 국면이라면 무언가 해명과 반성이 필요했다. 증언을 종합하면 그는 무언가 잘못되었다고 생각했지만 적극적으로 해명하려 하지 않았다. 그 배후에는 당시의 운동권 지식 권력이 리영희가 마땅히 해명해야 할 부분을 억제하는 메카니즘이 작동했다고 본다.

1988년에서 1990년대 초반 한국에서는 조국통일운동이 본격적으로 진행됐다. 1989년 문익환과 임수경, 황석영 등이 북한을 방문했다. 1980년대 중후반 사회주의가 살아 있던 시기와 달리 1989년 무렵에는 사회주의 동요와 와해 징후가 뚜렷했다. 이 같은 국면에서 북한에 대한 새로운 레토릭(rhetoric, 修辭學)이 필요했다. 사회주의가 붕괴됐지만 어떻게 하든 사회주의를 변호하고 조국통일운동의 근거를 찾고 싶었을 것이다. 여기서 자본주의와 사회주의에 대한 새로운 구도가 만들어졌다. 자본주의는 본성적으로 경제적으로 우월하지만 본질적으로 타락한 존재이고 사회주의는 경제적으로 무능하지만 정식적으로 고결한 존재라는 것이다.

칼 마르크스에 따르면 사회주의는 자본주의에 비해 경제적으로도 우월한 체제다. 그러나 사회주의가 붕괴하는 상황에서 사회주의의 경제적 우월성을 주장할 수는 없었고, 이에 정신적 우월성을 앞세워 상황을 호도한 것이다. 1970년대 중후반에서 1990년대 초에 이르기까지 리영희가 했던 작업이 본질적으로 그러했다. 이 레토릭에 가장 잘 맞는 대상이 북한이었다. 1980년대 중후반을 지나면서 중국과 베트남은 운동권이 알던 마르크스류의 사회주의가 아님은 명백했다. 따라서 중국과 베트남을 들먹이며 사회주의를 변호하는 것은 쉽지 않았다. 그런 면에서 정신적인 승리와 사회주의적 신념을 강조하는 북한이 남한 운동권들의 신념 구조와 잘 맞았다.

실제로 그런 일이 벌어졌다. 연이은 방북 투쟁이 벌어졌고, 그들은 북한이 가난하지만 도덕적으로 깨끗하다는 인상을 전했다. 북한을 방문한 황석영의 방북기 제목은 '사람이 살고 있었네' 였다. 그러나 전부 다 그런 것은 아니었다. 1991년 밀입북한 민혁당 김영환은 북한의 낙후함에 대해 실망했다고 기록하고 있다.

김영환의 소감이 사실에 좀 더 현실과 부합할 것이다. 반면 조국통일운동 진영은 그들이 한때 가졌던 사회주의적 신념을 정직하게 돌아보지 않고, 새로운 논리를 앞세워 그것을 합리화하는 길로 접어들었다. 이제 통일운동은 '가난하지만 순수한' 또는 '경제적으로 어렵지만 민족적 존엄을 버리지 않는' 북한을 상대로 새로운 탈출구를 찾는다.

이 무렵 리영희에 대한 평가는 명료하지 않다. 여기서부터는 기록보다는 증언이 유효하다. 필자가 들은 증언을 요약하면 "그는 사회주의 붕괴 이후 사회주의에 대한 생각을 많이 버렸지만 그것을 사람들과 함께 강하게 주장하지는 않았다."로 요약된다. 더 적극적인 평가도 있다. 당시 운동권 주류들은 리영희 선생이 반성과 전향의 길로 접어드는 것을 막았고, 리영희 선생은 소극적으로 이를 묵인했다는 것이다.

1970년대 리영희는 반공국가 한국에서 중국과 베트남의 진실을 알리며 지식인의 면모가 어떠해야 하는지를 잘 보여주었다. 반면, 그가 믿었던 제3세계 사회주의는 소련 사회주의권의 붕괴와 함께 흔적도 없이 사라졌다. 이 국면에서 그는 한때 믿었던 사회주의에 대한 제대로 된 청산을 주저했고, 1990년대 초반 친북적 통일운동을 도모하는 당시 운동권과 어떤 형태로든 타협했다.

리영희와 통일운동의 먼 유산이 30년을 거슬러 지금에 이른다. 사람들은 여전히 리영희를 사상의 은사로 추모한다. 그러나 막상 무엇을 추모하는지에 대해 이야기하면 사정은 달라진다. 1970년대에서 1980년대까지의 문필 활동이 주로 기억되는 반면 1980년대 후반 그의 생각이 현실적으로 검증되는 시기에 그가 했던 사상적 편력과 지식인으로서의 자세는 제한적 또는 선택적으로 기억되거나 망각되고 있다. 그들이 망각을 강요하는 부분, 중국과 베트남 사회주의에 대한 우호적 태도에서 북한에 대한 긍정적 평가와 친북적 통일운동으로 계승되는 부분을 기억해야 한다.

3

리영희, 그리고 산업화와 대학 문화
_도덕적 인간주의, 전태일 평전-난쏘공-아침이슬

1.

이영희의 두 번째 시간이다. 어떤 사람에 대한 평가는 그가 살았던 시대에 일어난 다른 사건과 비교하는 것이 좋다고 본다.

2.

이영희의 출세작은 1974년 출간된 《전환 시대의 논리》이다. 운동권의 역사에서 《전환 시대의 논리》는 매우 중요한 책이다. 너무나 많은 사람들이 이 책을 읽고 충격을 받았다고 말하고 있다. 문재인 대통령을 포함한 유력 정치인들도 상당수 있다.

그렇다면 1974년에 있었던 다른 일들 중 기억할만한 것이 무엇일까? 여러 가지가 있을 수 있지만 전자공학과 생물학을 거론해 보겠다.

미국의 윌리엄 쇼클레이가 세계최초로 TR(트랜지스터)를 개발한 것이 1947년이다. 트랜지스터는 이전 시대 진공관을 대체하며 본격적인 전자산업의 기초를 놓았다. 역사책에 나오는 최초의 컴퓨터를 보면 진공관을 하나씩 전선으로 연결하는 장면을 볼 수 있다. 이런 식으로는 생활화, 대중화는 불가능했다. 이를 해결한 것이 집적 회로로, 1959년 페어차일드사가 개발했다.

트랜지스터가 1947년이고 집적회로가 1959년이다. 1970년대 초반 관점에서 본다면 전자 산업은 이제 본격 개화의 문턱 위에 있었다. 이런 시대적 맥락 아래에서 두 가지 중요한 사건이 있다. 하나는 삼성의 한국반도체 인수이고, 다른 하나는 박정희의 산업화 정책이다.

삼성그룹 회장인 이병철의 삼남 이건희가 사비를 털어 망해 가는 한국반도체를 인수한 것은 잘 알려진 일이다. 이건희의 행보는 1983년 2월 이병철의 도쿄선언으로 이어지고 삼성전자의 반도체 대도약으로 이어졌다.

박정희의 일화도 중요하다. 박정희는 산업화에 각별한 관심을 가지고 있었는데, 그 연장선에서 전자산업에 대한 관심을 가진 일화들이 있다. 박근혜가 대통령의 딸 신분으로 1970년 서강대 전자공학과에 입학한 것도 같은 맥락으로 보인다.

3.

산업화가 진척됨에 따라 사회도 그렇게 변해가고 있었다. 한국은 빠르게 도시화, 지식화되었다. 도시에 집적된 새로운 유형의 인류인 대학생들은 그들만의 문화를 만들고 있었다.

1970년 고등교육기관에 재적한 학생규모는 20만 명, 1980년에는 3배가 넘는 65만 명, 1990년에는 170만 명에 육박했다. 고등교육을 이수한 청년들은 새로운 도시 문화를 건설하고 즐기기 시작한다. 필자가 주목하는 것은 1977년 대학가요제와 1979년 개그 컨테스트이다. 이들 대학문화는 이미자와 남진으로 대표되는 농촌 문화를 밀어내고 한국사회의 주류로 떠올랐다. 이 신인류가 다름 아닌 1980년대 이후 세계적인 흐름으로 발전한 정보통신 사회의 주역이다.

사상적인 맥락에서 임박한 정보통신 문명을 잘 대변한 것이 앨빈 토플러나 스티브 잡스로 보인다. 한국이라면 V3의 안철수, 한글과컴퓨터의 이찬진, 훗날 네이버와 카카오를 창립하는 이해진과 김범수 등이다.

한국의 1970년대는 밝고 명랑한 1980년대로 이어졌다. 70년대 초반 시점에서 보면 세상이 어느 방향으로 가야할 지는 예측하기 어려웠다. 세상에 대한 다양한 관심과 시각 중 한국을 베트남, 중국과 같은 민족적 사회주의에 한반도와 한국의 처지를 대입하고 하나의 스토리를 만든 사람이 리영희다.

1970년대 후반을 넘어서면 리영희의 운신의 폭은 줄어들고 있다. 중국은 개혁개방의 길로 들어서고 있었고, 중국-베트남 전쟁, 이란 혁명 등 3세계 민족주의의 건강성에도 짙은 의문이 제기되고 있었다.

역사적으로 보면 리영희의 업적과 위상은 1970년대 중반에서 1980년대 초반까지다. 그는 1970년대 사상사의 위치 어딘가 있으면 적합한 인물이다. 리영희를 1970년대를 넘어 문명사적 의의를 갖는 사상가 또는 사상의 은사의 반열에 밀어 올린 것은 1970년대를 거쳐 온 운동권들이다.

1970년대 중반 한국은 두 개의 세계가 경합을 벌이고 있었다. 하나는 정보통신문명이고 다른 하나는 민족해방과 사회주의와 같은 이념이었다. 한국에서 양자를 대표하는 인물이 이건희와 리영희이다. 한국은 전자가 가르치는 방향을 따라 발전했지만, 1970년대의 운동권들은 리영희를 따라 맑스레닌주의와 주체사상으로 치닫는다.

누가 옳았는지는 그냥 한국이 걸어온 길을 돌아보는 것으로 충분하다. 우리는 리영희의 사상에 대해 쓸데없는 시간을 낭비하고 있는 셈이다.

4.

리영희를 평가하는 또 다른 잣대는 생물학이다. 1953년 DNA

의 구조가 밝혀진 이래 인간에 대한 새로운 종합이 이뤄진다. 대표적인 것이 1975년 리처드 도킨스의 《이기적 유전자》와 1976년 에드워드 윌슨의 《사회 생물학》이다. 이 책의 주제에 맞춰 이들을 평가하자면, 그 핵심은 사변적인 인간론의 해체이다. 《이기적 유전자》에서는 유전자의 관점에서 인간의 다양한 행동을 분석한다. 심지어 수학적 방식으로 그것을 논증한다. 윌슨의 《사회 생물학》에서도 생물학을 동원해 인간의 사회적 행동을 분석한다.

이들의 시각에서 보면 신에 의해 부여된 인간의 존엄성 같은 것은 없다. 도킨스나 윌슨이 보여준 것은 아무 근거 없이 인간성을 미화하는 경향의 종식이다.

이에 대비되는 흐름이 있었다. 하나는 프랑스혁명에 대한 호의적 평가와 다른 하나는 제3세계 인간형에 대한 미화이다. 한국은 특이한 나라다. 압도적으로 미국의 영향을 받았지만 그것은 주로 군사와 경제, 과학 분야에서 한정된다. 반면 문학과 철학 등에서는 독일, 프랑스의 영향을 많이 받았다. 1970년대까지가 특히 심했다.

프랑스 혁명에서 장 자크 루소(Jean Jacques Rousseau, 1712-1778)와 막시밀리앙 로베스피에르(Maximilien François Marie Isidore de Robespierre, 1758~1794)의 흐름은 인간에게 근원적인 특징이 있고, 이를 실현하기 위해서는 물리적 폭력도 불사할 수 있다는 경향이다. 이 흐름의 한편에서 마르크스-레닌으로 가는 경향이 형성되었다. 이 흐름은 근원적인 인간형이 있다고 보고, 그것을 위한 사회적

《전태일 평전》표지　　　　　　《난장이가 쏘아 올린 작은 공》표지

노력에 과도한 의미를 부여하는 편이다.

　또 다른 흐름은 한국적 흐름 즉 농업적, 민중적 전통에 대한 호의적인 평가이다. 1970년대 초반에는 여전히 농업적 전통이 깊게 남아 있었고 이를 이상화한 경향들이 적지 않았다. 대표적인 것이 《전태일 평전》이나 《난장이가 쏘아 올린 작은 공》이 지향하는 소박한 인간 공동체이다. 1970년대 중반이 되면 한국이 공동체를 중시하고 명분과 감정을 우선하는 3세계로 발전할 것인가, 개인주의를 긍정하고 실리와 이익에 기초한 새로운 공동체를 지향할 것인가의 기로에 서 있었다. 그것은 박두한(임박한) 정보통신문명과 관련돼 있었다.

　경제가 성장하고 소득이 늘어나면서 대한민국은 다채로운 감성과 욕망으로 들끓기 시작한다. 1970년대 중반을 넘어서면 두 가지 경향이 싸우고 있었다. 프로 스포츠가 개막되고 컬러 TV가 개통되고 나아가 개인용 컴퓨터와 휴대폰으로 확장되었다. 사회는 점차 농촌적 감수성에서 밝고 명랑한 도시적 감성으로 변모했다.

반면 한국의 운동권은 때아닌 도덕적, 훈고학적 인간주의에 빠져들었다. 《전태일 평전》이나 《난장이가 쏘아 올린 작은 공》 〈아침이슬〉 노래 등의 시작이다. 그들은 사람 북적이는 시장과 광장에 나가 살아 움직이는 인간을 보기보다는 자기만의 세계로 빠져들었다. 그들은 비현실적인 이상의 세계에 신비화된 무엇인가를 남겨두고 거기서 그들만의 세계를 키웠다.

현실에서 존재하지 않는 인간 군상을 탐구하려는 기이한 시도가 이어졌다. 그것의 계보는 전태일평전-리영희의 중국, 베트남 탐구-주체사상-통일운동으로 이어졌다. 리영희는 베트남과 중국을 통해 《전태일 평전》과 《난쏘공》의 심성 구조를 정치적인 맥락에서 확대한 사람이다.

미국식 군사경제에 상응하는 자유주의는 좀처럼 한국사회에 도래하지 않았다. 1980년대 초반 286 컴퓨터와 함께 혁신적 자유주의가 도입되었지만, 한국의 문화는 오랜 기간 민족 해방적 또는 유럽의 사민주의적 성향에 묶여 있었다. 2010년대 초반 스마트폰의 도입과 함께 새로운 시대가 열렸지만, 리영희와 그를 추종하는 낡은 경향이 새로운 시대의 도입을 막고 있다.

5.

리영희를 공정하게 평가하기 위해서는 그가 살았던 시대가 정보통신 문명의 발전과 그에 따른 인간에 대한 새로운 이해를 필요로 하는 혁신의 시대였음을 전제할 필요가 있다. 대한민국은 이건희와 이병철, 이해진과 김범수와 함께 시대가 부여한 과제를 이행하며 지금의 우리로 이어졌다.

반면 리영희는 정보통신 대신 후진 사회주의, 혁신적 개인 대신 낡은 인간관을 유지하며 한국사회의 또 다른 지류를 이끌었다. 후대의 운동권들이 리영희가 개척한 지류의 사상을 과도하게 확장해 본말을 뒤집었다는 점을 지적하고 싶은 것이 필자의 결론이다. 지금 우리가 리영희를 되돌아 보야 하는 이유이기도 하다.

4

김영환 주사파, 386운동권 석권

_주체사상은 위정척사파와 닮았다

1.

인류 역사의 대격변 중 하나는 도시화이다. 농업에 뿌리를 둔 인류는 산업화가 진행됨에 따라 순차적으로 도시로 이동했다. 이 과정에서 정서적, 문화적인 대격변이 진행된다.

한국에서 도시화의 결정적인 분기점은 1970년대가 아닐까 싶다. 1980년대 중반 주체사상을 만들어낸 대학생들은 어려서는 농촌에 살았다. 내 주변 상황을 종합하면 중고등학교 무렵 전주, 대구, 청주 등 지역 거점 도시로 이동했다. 그리고 대학 때 서울, 부산, 광주 등 대도시로 진입했다.

이들의 마음속에는 도시와 농촌이 공존했다. 내가 그랬다. 아버지와 어머니는 고향이 북한이다. 1·4 후퇴 때 월남해서 동대문 시장에서 삶의 터를 닦았다. 나는 어려서 동대문 시장을 다니곤 했다. 거리나 가게 안쪽에서 함께 밥을 먹던 모습, 호객을 하는 장면들이 남아 있다. 내가 살던 이화동 주변에는 문리대가 이사한 빈 공터가 남아 있었다. 당시 종로는 대학문화의 상징이었다. 나는 저학력의 하층 문화와 최첨단 대학문화를 동시에 보면서 어린 시절을 보냈다.

새로운 것, 세련된 것, 고급스러운 것이 나타나면 그것을 추종할 것이라고 보는 것은 너무 순진한 생각이다. 인류 역사의 너무 많은 장면에서 토착적이고 촌스러운 것들이 멋지지만, 외래적인 것에 저항하는 장면을 쉽게 볼 수 있다. 1970년대 후반-1980년대 중반 서울에서 그런 일이 벌어졌다.

1970년대 중반을 고비로 대학 일부에서 도시적인 것이 농촌적인 것에, 서구적인 것이 토착적이고 민족적인 것에 역전되는 상황을 맞았다. 1970년대 초반 68혁명의 영향을 받은 서구 문화가 도입됐고, 이들 문화는 초기에 대학문화로 정착되었다. 1980년대 중후반에는 대중문화로 발전한다. 반면 대학에서는 탈춤과 민요 같은 복고 문화가 운동이라는 이름하에 확산되었다. 같은 맥락에서 맑스주의가 주체사상으로 발전한다.

1980년대 중반 주체사상이 태동할 수 있었던 것은 1970년대 중후반 대학생 사회의 사상과 문화적 복고화와 상당한 관련이 있다.

2.

김영환은 서울 법대 82학번이다. 자생적 주사파의 시원이라 할
수 있는 김영환의 사상적 궤적을 추적한 책《82들의 혁명놀음-북
한의 주체사상은 어떻게 386 운동권을 석권했나》이 있다. 김영환은
"민족주의적 성향이 강했다"고 회고하면서 "김구 선생의 노선에 가
장 가까웠다."고 이 책에서 밝힌다.

비슷한 기록이 자민통 그룹 책임자 구해우에게도 있다. 구해우
는 "중학교 3학년 때 김구 선생의《백범일지》를 감명 깊게 읽고 난
뒤 안두희(安斗熙, 1917-1996)를 응징하겠다고 나선 적이 있다."고
썼다.

모두가 그랬던 것은 아니다. 우리는 어려서 아톰과《소년동아일
보》등을 통해 신문물이나 과학기술에 대해 꿈꾸곤 했다. 많은 학생
들이 그들 분위기를 타고 과학자나 공학자의 꿈을 그리곤 했다.

반면 사회 전체가 민족적이고 국가주의적 색채를 가지고 있었
다. 그 중심에 박정희가 있었다. 나는 최근 아래 노래를 들으며 감회
에 젖곤 한다.

동방에 아름다운 / 대한민국 나의 조국 /

반만년 역사위에 / 찬란하다 우리 문화

오곡백과 풍성한 / 금수강산 옥토낙원 /

완전통일 이루어 / 영원한 자유평화

태극기 휘날리며 / 벅차게 노래 불러 /
자유대한 나의 조국 / 길이 빛나리라

'자유대한'을 맞이해야 하는 근거가 개인의 존엄성과 개성과 같은 개인적인 가치가 아니라 조국, 역사와 같은 집단주의적 원리에 의해 설명되고 있다. 내가 즐겨 불렀던 운동권 가요들도 유사하다. 운동권은 박정희와 싸운 것처럼 보이지만 내면에서 흘러나오는 뿌리의 감정은 박정희와 동일하게 민족적, 우국적이었던 것 같다.

운동권의 표준 설명은 운동권이 박정희와 대결하면서 성장했다는 것이다. 주로 민주주의의 관점에서 그렇게 설명한다. 그러나 집단주의, 민족주의의 관점에서 보면 양자는 매우 유사하다. 위 노래에서 자유대한을 조국통일로 바꿔 놓아도 아무 지장이 없을 정도이다.

특히 1980년대 이후 주사파는 박정희보다 훨씬 강한 민족적, 집단적 색채를 띠고 있다는 점에서 박정희와 운동권의 관계는 논란의 대상이다.

따라서 김영환과 구해우의 사례에서 보듯 박정희가 만들어 낸 민족적, 집단적 분위기에서 똑똑한 문과형 학생들이 김구에 빠져드는 것은 자연스러운 일이었던 것 같다. 그리고 김구에 대한 애정이 분단과 통일에 대한 열망으로 발전한 것도 그러했다.

3.

김영환의 회고 중에 흥미로운 점은 미국 문화에 대한 태도이다. "대학생들이 통기타를 치고 춤을 추며 노는 것"을 보고 초등학생 김영환이 "미국의 타락한 유행가에 맞춰 몸을 뒤트는 행위를 부끄럽게 여기지 않는 한국의 대학생들이 문제라고 생각했다"고 한다.

이 맥락이 주사파를 이야기할 때 빠짐없이 등장하는 '품성론'(솔직·소박·겸손을 강조하는 품성론은 당시 운동권 학생들의 생활 태도와 궤를 같이 함)이다. 김영환은 마포고 1학년 때인 1979년 발생한 이란혁명을 긍정적으로 평가했다고 하는 점과 궤를 같이 한다. 필자는 주변 동료들에게 1979년 이란 혁명에 대한 생각을 물은 적이 있다. 많은 운동권 동료들이 비슷한 태도를 보였다.

전후 많은 신생아들이 태어났다. 이를 베이비 붐(BB) 세대(1955-1963)라고 한다. 베이비 붐 세대는 항생제, 식량 증산 등과 맞물려 사망률이 극적으로 낮아졌다. 그들은 청년이 되어 사회변혁의 주역이 된다. 경제적인 여유를 배경으로 하고 있는 만큼 이들의 저항은 다분히 문화적인 형태를 띤다. 이를 68혁명이라 한다.

68혁명의 서구 버전은 대부분 문화적 급진주의이다. 장발, 페미, 히피, 마약 등이 이와 관련이 있다. 1970년대 초반 한국 청년문화에서 마약이 연루된 것도 그 때문이다. 68혁명의 동유럽 버전은 68년 프라하의 봄 등 동유럽 사회주의의 이완과 관련이 있다. 이란 혁명

은 68혁명의 이슬람 버전이다. 이란
혁명은 문화적, 정신적인 혼란 국면
에서 전통 종교에서 답을 찾으려는
시도로 볼 수 있다.

《강철서신》 표지

김영환의 품성론, 주체사상의 민
중론, 농민론 등은 이런 맥락에서 이
해할 수 있다. 1980년대 초반 맑스레
닌주의가 본격 도입되었다. 맑스레
닌주의는 서구 사상에 뿌리를 둔 것
은 개방적이고 자유로운 성향을 갖고 있었다. 김영환은 1986년 《강
철서신》에서 품성론을 제기하며 맑스 레닌주의의 이론이 아니라
성향을 문제 삼는다. 품성론은 이후 주체사상의 민중론과 결합하며
주사파의 성향으로 이어졌다.

4.

다음은 국제적인 세력 판도이다. 김영환은 "이란혁명과 중국-베
트남 전쟁이 민족주의로 경도되는 결정적인 계기였다"고 한다. 중
국-베트남 전쟁에서 약소국이었던 베트남이 승리했는데, 중국이라
는 강국을 이길 수 있었던 힘이 민족주의라고 보고 이를 계기로 민
족주의에 대해 긍정적으로 평가하게 되었다는 것이다.

여기서 내 이야기를 하는 것이 좋을 듯하다. 1970년대 학교에서는 중동과 이스라엘과 관련된 이야기가 떠돌곤 했다. 전쟁이 났는데 이스라엘 학생들은 이스라엘에 돌아가기 위해 짐을 쌌는데, 중동 학생들은 나라를 지키려 하지 않는다는 내용이다. 나는 그 내용을 들으면서 역으로 이스라엘과 그런 내용을 가르치는 사람들에 대해 부정적인 생각을 갖곤 했다. 이유는 잘 모르겠는데 어쨌든 그랬다.

1970년대를 계기로 3세계는 폭넓게 분화한다. 이 중 1979년 이란 혁명은 제3세계의 종교적 대응을 상징한다. 이후 나타날 이라크나 아프카니스탄의 이슬람 원리주의의 시원에 해당한다. 이들이 반미 또는 반외세의 외형을 가질 수 있지만 그것이 전부는 아니다. 그런데 1980년대 중후반의 김영환은 반미의 측면을 강조해서 본 것이다.

비슷한 논쟁을 흥선 대원군(1820-1898)이나 위정척사파에 대해 생각할 수 있다. 실제로 나는 주사파로 활동하면서 주체사상이 위정척사파와 비슷하다는 생각을 많이 했다. 현재 우리의 한국사 인식이 신채호나 김구, 동학농민운동을 중시하는 방향으로 발전하는 것도 비슷한 맥락이다.

북한과 이란은 1970년대 중반 세계적 지위가 유사하다. 그들은 1970년대 중반 제3세계의 분화 과정에서 같은 길을 걸었던 나라들이다. 또한 1990년대 초반 미국 질서의 일극 질서 아래에서 핵 개발을 통해 문제를 해결하려 한 것 같다.

따라서 1980년대 초반 이란 혁명에 대해 우호적인 감정을 가졌다면 논리적으로 북한에 대해 같은 감정을 갖게 되었을 가능성이 높다.

5

운동권 민주주의, 토론의 산물일까?
_사상, 레닌주의에서 86년 이후 주체사상으로

1.

서양 근대철학과 민주주의에 대한 표준적 설명은 대체로 이렇다. 영미의 경험론과 영미식 민주주의가 있고, 다른 한편에 프랑스의 합리론과 독일의 관념론 그리고 그에 기초한 민주주의론이 있다. 현재 학교 교과서에 그렇게 기술돼 있다. 1970년대 민주화 운동권이 직면했던 민주주의론도 여기서 출발한다.

영국의 민주주의는 경험론에 기초하고 있다. 경험론은 지식의 원천으로 경험을 중시한다. 자연히 절대적 진리나 존재가 있다는 생각을 부정한다. 민주주의를 구성하는 주체가 애초부터 제한성을 갖는 존재라면 다수의 합의와 토론이 중요해진다.

프랑스의 민주주의는 인간의 본질을 강조한다. 이에 따르면 인간은 본질에 있어 어떤 특징을 갖고 있는 존재다. 사회와 민주주의는 그런 인간들에 의해 구성된다. 따라서 민주주의는 바람직한 모델과 그렇지 않은 모델로 서열화할 수 있다.

2020년 현재 시점에서 보면 영미의 경험론, 민주주의론이 적자(嫡子)다. 영미의 경험론은 19세기말 영국과 오스트리아로 전파됐고, 그 뒤 미국에서 꽃을 피웠다. 미국의 경제학, 통계학, 컴퓨터 과학 등의 밑바탕에 영미의 경험론이 있다.

1970년대 시점에서 보면 독일과 프랑스의 인간론과 민주주의론이 상당한 세를 확보하고 있었다. 한국은 사상을 수용하는 데 있어 미국보다는 독일과 일본의 영향을 많이 받았다. 1970년대 지식층에서 칸트나 헤겔 같은 독일 관념론, 니체나 샤르트르 같은 실존주의, 허무주의에 대한 관심이 높았다. 국내 철학과에 독일 관념론 전공자가 많은 이유도 비슷하다. 1970년대 운동권의 민주주의관 역시 주로 프랑스 합리론과 독일 관념론에서 파생된 관점과 태도에서 발전했다고 볼 수 있다.

물론 이건 어디까지나 문과(文科)에 한정한 이야기다. 1970년대 칼 세이건, 리처드 도킨스가 쓴 저작들이 이미 국내에 소개됐다. 한국 과학기술자들은 1980년대 초반 컴퓨터 혁명에 발맞춰 세계적인 IT(정보기술) 경쟁력을 확보했다. 1990년대가 되면 도킨스나 에드워드 윌슨의 사회생물학 관련 저서 등이 기본 교양으로 읽혔다.

2.

1970년대 넓은 의미의 문과형 지식인들의 민주주의관의 기저에는 프랑스 혁명이 있었다. 다시 말하면 영국의 자유주의 계통은 제대로 받아들여지지 않았다. 전체적으로 독서량이나 민주주의 개념의 수준이 높지 않았다. 그런 가운데 운동권 학생들을 중심으로 맑스 레닌주의, 모택동 사상 등을 읽기 시작한다. 매우 일천한 수준이다.

1980년대 초반 5 · 18을 계기로 급변하기 시작한다. 1984-1985년 서울대 운동권은 레닌주의를 공통의 사상으로 받아들였다. 1986년이 되면 주도권이 주체사상으로 급격히 넘어간다. 1984년 하반기때 일이다. 서울대 총학생회장이던 이정우(서울대 법학과 81학번)는 연설 도중 독일에서 활동한 폴란드 출신의 사회주의 혁명가인 로자 룩셈부르크(1871-1919)의 책을 감명 깊게 읽었다고 발언했다. 나는 이 연설을 실제로 들었다. 돌이켜 보면 기이한 장면이다.

직업 운동가가 되고 나서도 이정우의 발언이 잊혀지지 않는다. 40대가 되면서 나는 1970년대 운동권의 사상 지형이 어떻게 구성돼 있었기에 레닌주의가 대세처럼 수용됐는지 탐문하기 시작했다. 공부도 하고 선배들로부터 조언도 구했지만 마땅한 해답을 얻지는 못했다. 아래 내용은 그나마 지금까지 내린 잠정적 결론이다.

첫째, 운동권의 사상은 치열한 토론의 산물이 아니었다. 1970년

레닌 동상

대 모두가 공통으로 갖고 있는 바탕은 서구 근대 민주주의였다. 거기에서 왜 마르크스와 레닌, 심지어 주체사상으로 운동권의 사상이 뻗어나갔는지 합리적 설명이 필요했지만 없었다. 학생 시절이나 그 이후에나 이에 대한 토론은 없었다. 1990년대가 되면 사상 지형에 대한 기본적 관심조차 사라졌다. 문재인 정부의 유력한 정치 엘리트의 대부분도 그럴 것이다. 그들은 사상을 발전시켜가는 과정을 거쳐서 그렇게 된 것이 아니라, 말 그대로 어느 날 불현듯 또는 급격한 비약을 거쳐 레닌주의에 물들었다.

둘째, 1985년 운동권의 사상이 마르크스주의와 레닌주의로 정립되는 과정에서 정서와 감수성이 결정적 역할을 했다. 1970-1980년대 유신체제 선포와 5·18 광주민주화운동이 연이어 일어났다. 당시 운동권은 반독재 투쟁에 헌신하면서 한편으로는 판타지에 가까운 생각을 여과 없이 받아들였다. 그들은 반독재라는 상황에 압도돼 역사의 종말, 민생의 파탄, 혁명 전야와 같은 묵시록에 가까운 허구를 쏟아냈다.

본인의 역할을 과장하는 유교적 지식인의 허세도 작용했다. 돌이켜보면 20대 초중반 대학생들의 생각은 보잘 것 없었다. 그럼에도 그들은 영미권 사상을 실용주의라고 가볍게 무시하고, 과학기술 지식을 기능적 지식으로 폄하했다. 스스로는 종합적이고 균형 있게 파악하는 지식인으로 간주했다.

여기에 레닌주의가 결합했다. 레닌주의의 지침은 단순 명료했다. '당을 만들고 봉기를 통해 권력을 접수하라.' '여기에 저항하는 자가 있다면 분쇄하라.' 1900년대 초반 유럽 후진국을 모델로 한 모험적 정치 이론은 20대 청년들의 마음을 사로잡았다. 결국 인간에 대한 이해, 민주주의에 대한 기본 소양이 턱없이 부족한 행동파 청년들이 대량 출현했다.

6

사상과 신념 사이, 민혁당 해산 사유

_김일성에 대한 우호적 감정 따라 달라져

1.

주체사상이란 무엇인가를 이해하기 위해 주사파란 무엇인가에서부터 단서를 찾아보자. 말 그대로 주사파란 주체사상을 신봉하는 사람들을 말한다. 나는 오랜 기간 주사파 운동권으로 분류되었지만, 주사파 운동권 내에서 주체사상과 관련한 토론을 해본 적이 없다. 주사파를 분류하는 기준은 나름의 독특한 기준이 있다.

《애국 시대》라는 유명한 소설이 있었다. 통혁당의 일대기를 다룬 소설인데, 서로가 서로의 사상을 확인하는 장면이 나온다. A는 B에게 가장 존경하는 사람이 누군인지를 묻고 B는 김일성 장군이라고 답한다. 주사파는 정체를 확인함에 있어 어떤 사상을 갖고 있느냐가 아니라 누구를 존경하는가를 묻는 것이다.

황장엽이나 김영환에 대해서도 비슷한 이야기를 할 수 있다. 김영환은 1991년 방북한 뒤 북한에 실망한 뒤 민혁당을 해산한다. 그러면서도 사람 중심의 사상을 유지한다고 주장한다. 이 경우 사상을 중심으로 보면 사람 중심의 사상을 갖고 있으므로 주사파라고 볼 수 있지만, 조직에 대한 충성을 중심으로 보면 북한에 대한 입장을 거두었으므로 더 이상 주사파가 아니라고도 볼 수 있다.

이것은 주사의 독특한 구조 때문이기도 하다. 주사는 수령론을 정점으로 구성되어 있다. 모든 사상과 이론이 수령에 대한 충성을 중심으로 구성되어 있다. 따라서 수령과 당에 대한 충성이 사상을 가르는 징표이다. 따라서 주사를 이해하기 위해서는 주체사상의 이론 구조보다 사람들의 마음이 어디로 가는가를 보는 것이 옳다.

2.

1980년대 중반 주체사상이 전격 도입되었다. 이 때 중심이 되었던 것은 사상이 아니라 충성의 대상과 방향이다. 1988-1997년까지를 주사파의 중심 시기라고 보다면, 이 기간 주사파를 규정했던 핵심적인 요소는 한민전에 대한 태도였다. 학생 운동가들은 한민전의 지침을 따르는가 그렇지 않은가로 사람을 가르곤 했다. 요약하자면 주사파란 좁은 의미에서 1988-1997년 시기 한민전의 지침을 따라 학생운동을 전개한 사람들을 말한다.

보다 넓은 의미의 주사파를 판별하는 기준은 북한 정통론이다.

《해전사》를 기점으로 독립운동을 했던 북한과 친일잔재가 남아있는 남한이라는 구도가 정립되었다. 여기에 1930-1940년대 만주에서 김일성이 무장투쟁을 했다는 사실이 알려지면서, 김일성에 대한 우호적인 감정이 형성되었다. 이것이 넓은 의미에서 주사파의 핵심적 정서이다.

1980년대 중후반 주사파가 출현하고 주체사상과 북한에 대한 연구가 확산되었다. 이 과정에서 1970년대 초반 김정일이 노동당을 장악하고 이를 토대로 주체사상을 심화시켰다는 등의 내용이 전해졌다. 이를 배경으로 김정일에 대한 우호적인 감정이 자연스럽게 확산되었다. 1994년 김일성이 사망하고 김정일이 집권했는데, 주사파에서 김정일에 대한 저항감은 크지 않았다.

반면 김정일이 사망하고 김정은에게 실권이 넘어가는 과정, 즉 3대 세습이 진행되었을 때는 문제가 되었다. 내가 그랬다. 나는 2012년 있었던 운동권 토론회에서 3대 세습에 대해 비판적인 발언을 한 적이 있다. 참가자 중 한 사람이 매우 시니컬한 반응을 보였던 기억이 난다. 그럼에도 불구하고 3대 세습을 옹호하지는 못했다.

7

북한 정통론의 뿌리 주사파

_하위사상, 90년대 '바보 과대표'의 품성론

1.

나는 주사파에서 비교적 비중 있는 역할을 했다. 그럼에도 주체
사상에 대해 사람들과 토론한 적은 없다. 따라서 한국에서 주사파
의 형성과 확산을 설명함에 있어 맑스주의 논쟁에서 하듯 관련 문
헌을 디테일하게 검토하는 방식은 효과적이지 않다. 반면 주사는
뿌리 깊은 전통 질서와 강하게 연관되어 그것과 교묘한 변종을 이
루며 성장했다. 따라서 주사를 이해하기 위해서는 한국의 독특한
문화와 사상과 연관지어 설명하는 것이 알기 쉽다.

2.

토착 사상이나 사상 조류 중 주체사상으로 발전해온 것은 3세계

1980년 5월 열린 남민전(남조선민족해방전선준비위원회) 공판. 북한과 연합전선을 구축하려
했고 혁명자금을 마련하기 위해 여러 활동을 벌였다. 동아DB

민족주의, 역사에서 북한정통론, 민본주의에 기초한 사람 중심 문
화이다. 4·19 이후 한국사회를 3세계로 보고, 그에 입각해 사회적
해결의 가능성을 모색했던 사람들이 있다. 그 중 대표적인 인물이
리영희이고, 통혁당이나 남민전은 제3세계론 중에서 인민민주주의
혁명을 지향했던 급진파이다.

　　주사파는 그것을 1980년대 중반 시점에 이식한 것이다. 반면
1980년대 이후 한국사회는 급속히 발전했고, 1990년대 이후 어느
시점에는 3세계가 아니라 1세계로 진입했다. 한국을 3세계로 보고
전개된 대부분의 혁명이론, 사회 분석 등은 시대와 맞지 않게 된다.

3.

북한 정통론의 뿌리는 더 깊다. 대학 1학년 때 나는 신채호에 대해 매우 우호적으로 생각하곤 했다. 신채호의 특징은 일제 제국주의에 대한 전투적인 입장을 견지하는 것이다. 그 연장선에서 김구의 항일투쟁을 생각할 수 있다. 또한 삼국통일에서 신라 대신 고구려나 고려의 북진론을 강조하는 경향이 있다. 이들 모두가 한국과 한반도의 역사를 중국 대륙과 연관지어 생각하는 일련의 사상체계이다.

이를 보다 급진적으로 재구성한 것이 구한말 의병투쟁-일제하 무장투쟁-미완의 혁명과 분단으로 이어지는 역사관이다. 적어도 1970년대 중후반 이런 역사관이 광범위하게 퍼져 있었다. 이를 배경으로 조선시대 공산주의자들의 항일투쟁에서 김일성의 활약 등이 일정 수준에서 실증적으로 밝혀지면서 완결되었다.

사실 대중적인 관점에서 보면 이 경우 가장 강력하다. 일제시대를 친일파와 독립운동가로 보고 독립운동 중 김일성의 활동을 긍정적으로 구성하면 앞뒤 역사 과정은 그것을 중심으로 재배열된다.

4.

마오이즘이나 주체사상은 유난히 사람을 강조한다. 이는 문제설정이 달랐기 때문이다. 맑스 레닌주의는 프롤레타리아가 이미 존재하는 조건에서 이론을 구성한 까닭에, 프롤레타리아들에게 무엇이

옳은가를 밝혀주면 되었지만 주체사상은 사회역사적 주체가 현실에서 존재하지 않았다. 그리고 그들이 주목했던 것은 사상 문화적으로 낙후한 농민이었다. 따라서 마오이즘이나 주체사상은 농민이 중요하다는 점을 단순 역설하는 것을 넘어, 그들을 설득하는 방법론까지 전개해야 했다. 주체사상에 민중론, 대중노선, 혁명적 영도예술 등이 발달한 이유가 이와 같다.

김영환이 품성론을 전개한 것도 같은 맥락이다. 그러나 품성론이 학생 대중에게 광범위하게 수용되었다고 보기는 어렵다. 주체사상의 품성론은 생각보다 단순하다. 품성론을 구체화한 것이 1990년대 《바보 과대표》이다. 과대표가 우직스럽게 학생들에게 헌신하면서 대중을 이끈다는 내용이다. 나는 일선에 있을 때 이 책을 알지 못했다.

1980년대 중반 주체사상은 서울의 주요대학을 중심으로 수용되었다. 이 시점에서 《바보 과대표》 같은 저작물이 인기를 끌 수는 없다. 반대 1987년 이후 학생운동은 급격히 대중화, 속류화된다. 학생운동의 주도권은 빠르게 지방으로 이동했다. 1970년대 중반-1990년대 중반 한국은 급격히 도시화되었고 이는 학생운동에 차별적인 영향을 미쳤다. 서울의 대학들이 도시화에 합류한 상황에서 지방의 대학들은 여전히 농촌적 유제(遺制, 예로부터 전하여 오는 제도)를 갖고 있었다.

제5부

산업화와 민주화, 현대사의 두 서사

1

박정희의 두려움에 맞선 '작은 세계'

_'내 마음속 고운 한 점' 평범한 일상 노래 인기

1.

어느 나라나 베이비붐 세대라는 게 있다. 한국은 1955-1963년 생이 1차 베이비 붐, 1968-1974년생이 2차 베이비 붐 세대이다. 한국은 다른 나라에 비해 베이비 붐 세대가 다소 늦은데 이는 한국전쟁 때문이다.

2차대전이 끝나고 많은 아이들이 태어났다. 다행히도 이들은 경제성장, 문맹률과 사망률 감소와 함께 건강하고 교육받은 청년으로 성장한다.

과학기술 발전과 청년 인구가 늘어나면서 전 세계는 정치적 격변에 들어간다. 서방 세계의 68혁명, 동유럽 체코의 프라하의 봄, 아시아의 민주화 등이 모두 같은 시대적 맥락 아래 벌어진 사건이다.

2.

한국의 경우도 닮았다. 교육 수준이 높은 청년 인구가 급증하고, 그들이 나이를 먹어가면서 사회를 근본적으로 변화시켰다. 1차 충돌은 베이비붐 세대의 맏형인 1955년생이 20살이 되던 1975년이다. 젊고 유능한 양질의 노동력이 사회로 진출하면서 산업화가 본격화되었다. 1955년생을 선두로 한 이 거대한 인구집단은 산업화 국면에서 어떻게 성장했을까?

나의 누나들과 그 친구들이 74학번이었다. 누나들은 주로 팝송을 들었다. 나는 누나들로부터 가수 박인희, 양희은, 한대수 등의 노래를 알게 됐다. 박인희와 양희은만 해도 무언가 특별한 노래라는 느낌이 있었다. 나는 고등학교 때 누나들로부터 '아침이슬'을 알았고, 무슨 의미인지도 모르고 즐겨 부르곤 했다. 나는 특별히 '태양은 묘지위에 붉게 타오르고~ '로 이어지는 클라이맥스 부분을 좋아했다. 뭔가 내가 특별한 사람인 것 같은 기분이 들었다.

김민기, 양희은이 불렀던 '이침이슬'은 민주화 운동의 상징으로 남아 있는 곡이다. 앳되고 보이시(boyish)한 양희은이 아침이슬을 부르는 장면을 유튜브로 만날 수 있다. 우리는 김민기와 양희은의 노래와 감수성을 통해 1970년대를 기억한다.

김민기와 양희은 또는 당시 학생들의 기록물들에는 자신들을

김민기　　　　　　　　　　　　양희은

'작은, 맑은, 아침이슬' 등으로 묘사하곤 한다. '아침이슬' 가사를 음미해 보자.

긴 밤 지새우고 / 풀잎마다 맺힌 /

진주보다 더 고운/ 아침이슬처럼

내 마음의 설움이 / 알알이 맺힐 때 /

아침동산에서 올라 / 작은 미소를 배운다.

태양은 묘지위에/ 붉게 타오르고 /

한낮의 찌는 더위는 / 나의 시련 일지라

나 이제 가노라 / 저 거친 광야에 /

서러움 모두 버리고 / 나 이제 가노라

'아침이슬'에서 김민기는 두 개의 세계를 비교한다. 세상은 태양이 붉게 타오르고, 한낮의 더위가 찌고 있지만, '나는 또는 우리는' 아침동산에서 작은 미소를 배워 서러움을 버리고 나아가겠다고 노래한다.

1970년대의 학생 운동권들이 그랬던 것 같다. 그들은 '박정희'라는 거대한 세계에 맞서 두려움에 떨며 애써 자신들의 세계를 지키겠다고 다짐한다. '작다'라는 수사는 박정희의 큰 세계에 맞서려는 생각과 마음을 잘 보여준다.

1970년대 학생운동권의 시각은 《전태일 평전》이나 《난쏘공》에도 그대로 투영된다. 그들은 박정희가 만들어낸 큰 세계에서 고통받는 서민들에 각별한 애정을 보였다. 또한 아침이슬이 맑게 빛나는 아침동산을 발견하고 또 다른 정신적 유토피아를 건설했다.

문제가 있었다. 박정희의 큰 세계에 맞서 민주주의를 지키려는 노력은 가상하고 용감했다. 그리고 노동자와 도시빈민에 보인 애정 또한 평가할 만하다. 그러나 세상은 그들의 생각과 다르게 흘러가고 있었다.

3.

중학교 3학년이 되던 해 MBC에서 대학 가요제를 시작했다. 이어 1982년 KBS에서 개그 콘테스트가 시작되었다. 박인희와 윤형주, 김민기와 양희은 등 당시에 쉽게 볼 수 없는 대학생들이었다.

1970년 20-24세 인구 282만 명 중 대학생은 7%로, 18만 명에 불과했다.

그들에 다가서려면 특별한 준비가 필요했다. 그들은 애써 한낮의 더위, 묘지 위를 떠오르는 태양을 피해 그들이 쌓아 놓은 특별한 공간에 찾아 가지 않으면 만나기 어려운 사람들이었다. 내가 중고교 때 김민기나 양희은을 알 수 있었던 것은 74학번이었던 누나들 때문이었다. 대학생 집단은 꾸준히 성장하고 있었지만, 1970년대 초반 그들의 숫자는 청년 인구의 10%를 넘지 못했다. 박정희 정권은 그들을 불온시(不穩視)하며 세상과 차단하려 했고 성공을 거두었다.

그러나 대학 가요제와 개그 콘테스트는 달랐다. 그들은 그냥 아무 때 보러 와야 한다고 말하는 듯 했다. 심수봉과 왕영은, 이수만과 배철수를 만나기 위해 특별한 준비는 필요 없었다. 그냥 동네 형을 보는 것처럼 편안했다.

대학 가요제의 메시지는 그냥 '일상의 평범함'이었다. 연고대 학생들로 구성된 라이너스라는 그룹이 있었는데 그들은 천연덕스럽게 연을 날리는 장면을 다음과 같이 묘사하다.

동네 꼬마 녀석들/ 추운 줄도 모르고 / 언덕 위에 모여서
할아버지께서 만들어 주신/ 연(鳶)을 날리고 있네.

꼬리를 흔들며 하늘을 나는/ 예쁜 꼬마 연(鳶)들이

나의 마음 속에 조용히 내려앉아/ 세상 소식 전해 준다.

김민기였다면 연을 날리는 일상의 어딘가에 세상에 대한 염원을 담았을 것이다. 그런데 노래 연은 정말 아무 일도 없이 끝난다. 마지막 가사는 다음과 같다.

풀먹인 연(鳶)실에 / 내 마음 띄워 보내/ 저 멀리 외쳐 본다.

하늘 높이 날아라 /내 맘마저 날아라 / 고운 꿈을 싣고 날아라.

한 점이 되어라/ 한 점이 되어라/ 내 마음 속에 한 점이 되어라.

정말 이게 다였다. 애써 민족과 조국에 대해 고민하고 인간과 사회에 대해 고뇌하는 모습을 보이지 않아도 되는 시대가 온 것이다.

'연(鳶)'은 대학가요제(2회) 금상곡이다. 나는 고등학교 2학년이었다. 나는 연대와 고대학생들이라면 무언가 커다란 것을 두고 고민해야 한다고 생각했다. 그들은 내가 갖고 있던 환상을 깨버렸다. 당시 나는 라이너스를 보며 '유치하다'고 생각했다.

나는 주사파 운동권으로 1987년 6월 민주 항쟁[12] 당시 서울대 인문대 학생회장이었다. 내가 6월의 거리에서 절감했던 것은 '평범함이 얼마나 강할 수 있는가?' 이다. 1985-1986년 학생 운동은 경

1987년 6·10항쟁. 1986년 봄 양 김 씨는 개헌을 요구하는 장외 투쟁을 개시하는 승부수를 던진다. 장외 집회는 부산, 대구, 광주 등 주요 도시를 이어가며 수많은 군중의 참여를 이끌었다. 1987년 6월 18일 2차 국민대회 김영삼, 김대중. 동아DB

쟁적으로 과격해 지고 소수화되었다. 투쟁의 현장에서 그것은 객기에 가까웠다. 반면 학생대중, 거리의 시민들이 결합했을 때, 그 결합이 무엇을 할 수 있는가를 잘 보여주었다.

12 6월 민주항쟁. 1987년 6월, 전두환 정권에 맞서 전국에서 일어난 민주화 운동을 뜻한다. 6월 항쟁, 6월 민주항쟁, 6월 민주화 운동, 6·10 항쟁 등의 이름으로도 불린다. 보통 '6월 민주 항쟁', '6월 항쟁'으로 부른다. 1987년 4월, 전두환 대통령은 임기가 1년도 남지 않아서 임기 중 개헌이 불가하니(4·3호헌), 현행 5공화국 헌법대로 차기 대통령선거를 치르고 정권을 이양하겠다고 특별 담화를 발표했다. 이에 대통령 직선제로의 개헌을 열망하던 대중들과 야당 및 민주화 세력 등 연합전선으로 직선제 개헌을 쟁취한 항쟁이다. 6월 항쟁은 대통령 직선제를 발표하게 만든 사건으로, 이 때 제정된 대한민국 헌법 9차 개정안이 지금까지도 1987년 체제라고 표현될 정도로 한국 정치, 법률 운영의 기초가 되고 있다.

이제 50을 넘어 60을 눈앞에 둔 지금, 1970년대 내가 중고등학생이었을 때를 다시 돌아보곤 한다. 사실 고뇌하는 지식인으로는 세상을 바꿀 수 없다. 서울의 주요 대학에 뿌리로 둔 학생운동이 세상을 바꿀 수 없었던 이유가 거기에 있다.

세상을 가장 근본적으로 바꾸는 것은 시대의 흐름에 따라 자연스럽게 누적된 어떤 사람들이 자신의 지향과 요구를 세상에 표출할 때이다. 70년대 후반이 되면서 산업화와 더불어 자연스럽게 숫자가 늘어난 청년 대학생들이 공공연하게 그들의 일상을 드러내기 시작하면서 유신정권은 무너지고 1987년 6월 민주화 운동이 시작된 것이다.

4.

김민기와 양희은, 김지하와 조영래를 통해 1970년대를 회고하는 것은 1970년대를 오독하는 것이다. 긴 역사적 맥락에서 보면 1970년대는 파국으로 질주하는 암흑기라기보다는 산업화와 경제성장으로 이어진 막간극과 같다. 한국경제는 꾸준히 빠르게 성장했으며 젊고 명랑한 대학생들을 대량으로 배출했다. 이들이 1970-1980년대의 주역이다.

2

386 운동권의 산업화는 '궁핍과 매판'

_민주화운동은 인간 해방, 혁명과 결합

1.

1970년대 한국은 급속히 산업화의 길을 걷기 시작했다. 산업화와 더불어 두 개의 이미지 또는 두 개의 스토리가 발전하기 시작한다. 산업화에 대한 운동권의 스토리는 '궁핍과 매판'이다. 궁핍을 대표하는 스토리가 전태일이다. 이를 잘 보여주는 것이 《전태일 평전》이다. 전태일 평전은 서울 법대 출신의 변호사 조영래가 집필했다. 전태일 사망 당시, 서울 법대의 장기표가 처음으로 그를 기억하기 위해 조문했다.

전태일로부터 한국 산업화의 이미지가 형성되었다. 산업화는 장기간 노동, 비인간적인 노사 관계와 연결되었다. 민주화는 제도적 민주주의를 넘어 인간해방 또는 혁명과 결합되었다.

아버지는 동대문 시장에서 장사를 했다. 아버지는 시골에서 올라 온 10대 후반-20대 초반의 청년들을 직원으로 고용했다. 우리 집에는 3-4명의 청년들이 함께 살았다. 그들 모두는 내가 일어나기도 전에 가게로 출근해 저녁 7-8시 무렵 집에 돌아왔다. 나는 아주 가끔 아버지랑 소풍을 가곤 했는데, 아버지가 오랜만에 쉬던 휴일이었다. 아버지는 한 달에 한 번 또는 두 번 정도 쉬었던 것 같다.

아버지와 함께 보냈던 어린 시절이 몸에 남아 있다. 어느 정도 여유 있는 집안이지만 집 곳곳에 가난과 근면, 궁핍과 절약이 묻어났다. 1970년대 한국에서는 너무 많은 사람들이 오래 시간 일했다. 그것이 개선되어야 할 '노동 문제'라는 점은 명확했다. 그러나 그것을 어떻게 평가해야 해야 하는가는 다른 문제이다

2.

1970년대 한국을 묘사하는 이미지로 '저임금 장시간' 노동이라는 말을 입에 달고 살았다. 2000년대 중반 쯤 우연히 다음 자료를 보게 되었다.

"1971년에는 대학 졸업자의 임금은 초등학교 졸업자 임금의 3.33배였고, 1977년에는 4.04배로 증가한다. 또 전 직장 평균 임금을 100으로 가정 했을 때, 1971-1977년 생산직은 78.1로 감소하는 반면 전문 기술직은 179.9에서 203.2, 행정 관리직은 270.9에서 328.7로 증가한다."(김대모, 〈고용 및 임금구조의 변화와 소득분배〉,《한국

의 소득분배와 결정요인"》)

위 자료는 1970년대 산업화의 결과를 잘 보여준다. 1971-1977
년 저학력 생산직의 임금이 정체된 반면 대졸 사무직의 임금은 가
파르게 상승한다. 1970년대 대졸자의 임금상승은 고도 지식, 기술
산업화에 따라 대졸자의 공급에 비해 수요가 현저히 부족했던 데
원인이 있다. 10년 정도 후인 1987년 노동자 투쟁으로 생산직 노동
자들의 임금도 상승하여 한국은 저임 국가에서 벗어났다.

이는 주변에 있는 대졸자들의 처지에서도 쉽게 확인할 수 있다.
1970년대 입시 커트라인에서 서울대 공대가 서울대 의대와 비슷했
다. 최근에는 서울대 의대는 물론 다른 대학 의대 커트라인이 대체
로 서울대 공대보다 높다. 그 만큼 산업화의 속도와 폭이 넓어 공학
분야 엔지니어의 수요가 많았던 것이다.

수요가 많으면 임금 수준은 올라간다. 1970년대 중후반 학번 선
배들은 걸핏하면 휴교가 되어 제대로 공부하지 못했지만, 큰 문제
가 없으면 쉽게 취직이 되었다고 한다. 앞에서 말한 대학가요제, 개
그 콘테스트 등 당시의 대학생들은 한국 자본주의의 성장과 함께
대중문화의 스타 또는 기업가로 성장한다.

1970년대 유신에 대한 이미지는 매우 암울하다. 그러나 한국 사
회 전체로 보면 풍요롭고 발전한 사회로 진입하는 초입쯤으로 볼
수 있다. 학생 운동은 유신정권에 대한 암울한 이미지를 보강하기

제1회 대학가요제 1집 음반의 앞뒤면.

위해 노동자나 농민 등이 놓인 현실을 결합시켰다. 학생 운동권의
문헌 중에 유독 도탄에 빠진 민중 생존권을 강조하는 경향이 이와
같다. 유신정권에 저항하는 자신들의 투쟁을 노동자와 농민을 구원
하는 극적인 이미지와 결합시켜 자신들의 논리를 보강하려 했다.

그러나 현실은 달랐다. 대졸자들의 삶은 빠르게 개선되고 있었
고, 이후 한국 자본주의 성장의 최대 수혜자가 될 운명에 놓여 있었
다. 그들이 강조했던 노동자와 농민의 처지 또한 대졸자들에 이어
큰 폭으로 개선될 것이었다.

3.

산업화에 대한 또 다른 쟁점은 그것이 '매판적'인가 하는 점이
다. 매판적이라는 단어는 어려운 말이다. 지금은 거의 사용하지 않
지만 옛날에는 매우 많이 사용했다. 매판적이라는 단어는 기형적,

왜곡, 불완전한 등과 어울린다. 매판이란 말은 산업화가 되기는 하는데 무언가 문제가 있을 때 사용한다. 한국의 산업화가 매판적이라면 정상적인 발전이 불가능하다. 단적인 예로 삼성전자와 같은 기업은 출현할 수 없는 것이다.

1960년대 중반 한일협정을 통해 일본 자본이 도입되었다. 한국에서 일본은 특별한 의미를 갖는다. 한국의 산업화가 일본 자본과 긴밀히 연관되어 있었기 때문에, 한국의 산업화를 부정하거나 폄하하려는 세력에게는 매우 중요한 호재였다.

한국 산업화의 매판성을 이야기할 때 기억나는 것은 마산 수출자유지구와 삼성이다. 지금은 거의 사라졌지만 마산 수출자유지구는 1970-1980년대 한국 산업화를 공격하는 맥락에서 빠짐없이 거론되었다. 한국 산업화의 특징을 이해하는데 또 다른 열쇠는 삼성이다.

삼성은 이병철 그리고 사카린 밀수(1966년 삼성그룹의 계열사인 한국비료공업주식회사가 사카린 55톤을 건설 자재로 위장하여 대량으로 밀수입한 사건)와 맞물려 한국 재벌의 매판성을 거론하는 좋은 소재로 활용되곤 했다. 그러나 1970년대 후반 삼성전자는 한국 경제의 판도를 완전히 뒤집고 있었다.

산업 구조를 보통 농업-경공업-중공업으로 구분하곤 했다. 중공업을 상징하는 것이 포항제철이나 현대중공업 같은 중후 장대형 산업이다. 그러나 1970년대 이후 세계경제는 경박 단소형 산업인

삼성전자의 메모리반도체 분야 핵심 생산 라인인 화성 캠퍼스 전경. [삼성전자 제공]

전자산업이 부상하기 시작했다. 반도체는 전자산업의 뿌리가 되는 분야였다.

　이 영역을 주도했던 사람은 앨빈 도플러나 빌 게이츠 또는 스티브 잡스였다. 바로 지금 우리가 사는 세계를 만든 사람들이다. 거시적으로 보면 1970년대 후반-1980년대 초반 이병철과 이건희가 했던 작업은 그들과 시대적 높이를 같이 하는 것이다. 1974년 이건희는 반도체 기업 한국반도체를 인수했고, 이병철은 1983년 반도체 산업에 뛰어 들겠다고 선언한다. 1983년 도쿄 선언에 따르면 이병철은 돈을 많이 벌겠다는 세속적인 욕망 대신 '반드시 일본을 이기겠다'는 극일(克日)과 같은 신념의 내용으로 가득 차 있다. 삼성은

1990년대 중반 세계적인 반도체 기업으로 성장한다.

4.

1970년대 중반, 한국의 산업화에 대한 두 가지 해석이 있었다. 하나는 그것이 정권유착과 매판적, 친일적이라 보고 근본적으로 새로운 세계를 열어야 한다는 주장이다. 서울의 주요 대학 운동권 학생들이 이런 생각을 발전시켰고 이들의 생각과 노선은 현재에 이른다.

이에 대한 반박은 어렵지 않다. 설명할 것도 없이, 2021년의 세계를 보여주면 된다. 우리가 무엇을 입고 무엇을 사용하며 무엇을 소재로 대화하는가를 그저 묘사하는 것만으로도 충분하다. 이를 이해하지 못한다면, 깊은 관념의 세계에 결박되어 있거나 어떤 이권에 결합되어 있기 때문이다.

3

386과 민주화, '6월 항쟁 주도했다'는 착각
_1987년 6월 항쟁은 민추협 김영삼이 주도

1.

1980년대 중후반 민주화 투쟁이 시작되었다. 이는 1985년에 1955년생이 30살이 되었던 것과 일치한다. 이들은 강인하고 지속적인 투쟁으로 한국의 민주화를 일궜다. 그러나 실제 무슨 일이 벌어졌는가와 우리가 추억하는 과거는 많이 다르다. 우리는 1980년대 학생들이 했던 민주화운동 중 기억하고 싶은 것을 선택적으로 받아들이는 경향이 있다. 여기서는 민주화운동과 관련한 몇 가지 착각을 검토해 보자.

2.

학생 운동에 대한 대표적인 착각은 학생들이 1987년 6월 민주

민추협 공동의장 김영삼과 김대중. 민주화추진협의회의 김대중 김영삼 두 공동 의장과 신민당의 이민우 총재가 1985년 7월 3일 낮 동교동 김대중 의장집에서 만났다. 이날 노사와 학원 문제 등 시국 전반 및 신민당의 전당대회 문제 등에 대해 협의했다. 왼쪽부터 김대중 김영삼 이민우. 동아DB

화운동을 주도했다는 생각이다. 민주화를 주도했던 것은 양 김씨다. 특히 김영삼의 역할이 컸다. 1983년 5월 김영삼은 광주학살 진상규명을 주장하며 23일간의 단식투쟁을 결행한다. 당시는 1984년 초 유화조치가 시작되기 이전으로 살벌한 국면이었다. 1983년 김영삼의 단식을 계기로 양 김씨와 뜻을 같이 하는 정치인들로 구성된 민주화추진협의회(민추협)가 만들어지고 이 민추협이 6월 민주화운동을 주도하게 된다.

상황은 극적이었다. 1985년 2월 2.12 총선이 있었다. 내가 2학년에 올라가던 겨울이었다. 나는 1985년 2월의 어느 날 서초구 유세장에 있었다. 당시 여당이었던 민정당 후보가 등단하자 썰물처럼 사람들이 빠져났다. 사람들은 무언의 항의를 그렇게 표현했다. 당시 선거의 중심은 종로구에 출마한 이민우 후보였다. 이민우는 양 김씨가 정치활동을 못하는 조건에서 양 김씨의 대리인과 같았다. 사람들은 이민우를 연호하며 종로를 휩쓸었다.

당시 전두환 군부는 양 김씨를 비롯한 주요 정치인들의 정치활동을 금지시키고 일종의 관제 야당인 민한당을 내세웠다. 양 김씨는 자신이 정치활동을 할 수 없는 조건에서 관제 야당에 맞서는 새로운 야당인 신민주당을 내세웠다. 신민주당의 돌풍은 무서웠다. 당시는 밤늦게까지 선거 결과를 중계했다. 밤늦게 주요 선거구에서 신민주당이 역전하면서 2월의 밤을 뜨겁게 달구었다. 한국에서 정치는 가장 극적인 드라마이다. 그 때 이후 나는 밤새워 선거 방송을 지켜보곤 한다.

1986년 봄 양 김 씨는 또 한 번의 승부수를 던진다. 개헌을 요구하는 일종의 장외 투쟁을 개시한 것이다. 양 김 씨가 주도하는 장외 집회는 부산, 대구, 광주 등 주요 도시를 이어가며 수많은 군중의 참여를 이끌었다.

그 때 학생들은 NL과 CA로 나눠, 과격한 투쟁을 벌이고 있었다. 나는 풍문으로 들었다. 개헌을 이슈로 한 야당의 장외투쟁에 구름 같은 인파가 몰려 들었다는 것이다.

학생들은 뒤늦게 야당의 장외 투쟁에 동참하기로 했지만 때가

민추협의 김영삼과 김대중. 민주화추진협의회 직선제 개헌추진 천만인서명운동본부 현판식을 1986년 3월 5일 갖고 있다. 동아DB

늦었다. 바로 그 시점에 국회에서 개헌을 논의하기로 합의했다. 5월 3일 인천에서 열린 야당 행사는 간략히 실내 행사만 치르고 마무리되었다. 잔뜩 힘이 들어간 학생과 재야는 시민이 거의 없는 고립무원의 상태에서 수 시간 넘는 거리 투쟁을 진행했다.

돌이켜 보면 허황된 투쟁이었다. 1987년 6월 민주화운동으로 가는 과정에서 학생 운동은 이런 식의 잘못된 판단을 반복했다. 나는 1986년 5월 3일 3학년으로 1-2학년 후배들을 데리고 인천에 갔다. 수 시간에 걸쳐 돌과 최루탄이 난무하는 지루한 싸움에 참여했다. 경험에 따르면 이런 싸움은 정치적으로 성취하는 게 거의 없다. 물리적 투쟁은 최소화하고 사람들과 함께 하는 정치적 장면을 많이 만들어야 한다.

6월의 정점은 1986년 하반기에서 1987년 상반기였다. 1986년 봄 시거 미 국무부 차관보가 한국을 자주 방문했다. 내가 3학년에서 4학년으로 올라가던 겨울이었다. 직감적으로 뭔가 큰 일이 일어나고 있다고 생각했지만 그것을 분석할 능력은 없었다.

이윽고 상황이 분명해졌다. 지금도 기억에 남아 있는 것은 김영삼과 이민우가 냉냉한 표정으로 돌아서는 사진 한 컷이었다. 어쩌면 그것으로 충분했다. 4월 13일 전두환의 호헌선언이 있었고, 5월 초 양 김씨가 새로운 통일민주당을 만들고 이윽고 6월의 막이 올랐다.

6월의 하이라이트는 6월 18-19일 어름이다. 6월 18일 2차 국민대회가 열렸고 시위는 전국적으로 빠르게 확산되고 있었다. 시위 양상은 경찰 병력으로 막을 수 없는 상태였다. 나는 서울대 인문대 학생회장이고 우리는 공공연히 군부대 충돌을 대비하고 있었다.

거기가 어디였는지 기억이 나지 않는다. 나는 밤새 시위를 하다 터벅터벅 어딘가를 걷고 있었다. 그리고 어딘가에 기대어 군부대가 충돌할 수 있고, 내가 죽을 수도 있겠다고 생각했다. 6월 초여름의 냉기에 떨며 새벽길을 헤맸다.

6월 23일 전두환과 김영삼의 운명을 좌우하는 담판이 있었다. 김영삼은 단호했다. 직선제가 아니라면 수용할 수 없다. 김영삼의 이 단호한 태도가 1980년 5·18 이후 대통령 직선제를 골자로 하는 민주화운동 전체를 이끌었던 동력이다.

우리는 흔히 현재의 정치지형을 1987년 체제라고 부른다. 1987년 체제의 골자는 직선제이다. 만약 1986년 하반기~1997년 초에 양 김씨가 내각제를 수용했다면 우리는 지금 전혀 다른 정치 환경에 살지 모른다. 1987년의 양 김씨는 강인하고 용감했다. 당시는 1980년 5·18의 흔적이 남아 있을 때였다. 자칫하면 군부와 맞서야 하는 아찔한 상황이었다. 실제 1987년 6월 중순 군부대가 충돌하려 했다. 그럼에도 그들은 끝까지 직선제를 고수했고, 지금의 우리로 이어진 정치 환경의 기틀을 마련했다.

3.

1987년 6월은 기본적으로 직선제를 둘러싼 정치세력 사이의 각축이다. 따라서 1987년 6월의 기본 정치구조는 직선제를 두고 형성되었다. 1985년 2월 선명야당의 등장과 국회에서 직선제 논의, 1987년 4월 전두환의 호헌선언과 거리 정치, 1987년 6·29 선언과 직선제의 도입, 대통령 선거로 짜여진 일정도 기본적으로 직선제를 어떻게 받아들일 것인가와 관련이 있다.

따라서 1987년 6월 항쟁에서 학생들의 참여는 구조적으로 제약되어 있었다. 6월 항쟁에서 학생들의 참여와 역할이 두드러져 보이는 것은 실제로 그런 것이 아니다. 시간이 지나가면서 학생들이 자신들의 기억을 반복적으로 회고함에 따라 실제보다 과장되어 보이

민주화운동의 상징인 6월 항쟁의 진원지 '명동성당'. 1987년 6월 10일 민주화운동의 진원지인 서울 중구 명동성당 입구 광장에서 시위대가 태극기를 들고 '호헌철폐, 독재타도' 구호를 외치고 있다. 동아DB

1987년 6·29 선언과 직선제의 도입. 노태우 민정당 대표가 중앙집행위원회에서 대통령 직선제 수용 등을 골자로 한 6·29 선언을 발표하고 있다. 동아DB

는 것이다.

학생들의 역할이 과장되어 있다고 보는 두 번째 이유는 학생들이 6월 항쟁 전 과정에서 우여곡절을 반복한 점에 있다.

학생들은 1986년 전 기간 반미나 제헌의회 소집과 같은 과격한 투쟁을 반복했다. 반미나 제헌의회와 같은 주장은 6월 항쟁과는 어울리지 않는 생경한 주장이었다. 학생들이 6월 항쟁과 대중적으로 결합하기 시작한 것은 1986년 10월 건대사태 이후이다. 그리고 실제로 1987년 6월의 거리에서 대중과의 결합력을 실제로 회복한 것은 5월 이후이다.

반면 양 김씨는 1980-1987년 전 기간 일관되게 직선제를 집요하게 요구하며 정세를 주도했다. 돌이켜 보면 직선제 주장 자체가 강경한 주장이다. 양 김씨는 1980년대 초반 관제야당, 1986년 이민우의 내각제 구상 등을 제압하고 직선제 요구를 관철시켰다. 또한 이 과정에서 물리적 충돌도 불사했던 점도 기억할 필요가 있다.

학생들의 역할을 과장하지 말아야 하나 세 번째 이유는 학생들의 민주주의관이다. 1984-1985년 무렵 학생 운동권은 레닌주의를 정식화한다. 이것은 야당이나 국민들이 생각했던 민주주의와 다른 것이다. 그들은 사회주의 또는 인민민주주의의 1차적인 단계로 민주주의를 주장한 것이지, 민주주의 그 자체에 대한 의미는 덜 부여했다. 학생들이 야당과 제휴 등에 소극적인 이유도 여기에 있었다. 심지어 1987년 5월 이후 6월 투쟁 국면에서 연대한 것도 다분히 전술적이고 일시적인 측면이 강했다.

학생운동권은 1987년 직선제 이후 민주주의를 정착, 확장하려하기 보다는 그것을 넘어서려는 시도를 보인다. 1988년 이후 통일운동을 전면화하거나 섣불리 반정부 투쟁을 정권타도 투쟁으로 비약하는 경향들이 그러하다.

4

386과 민주화, "검사 드라마는 가짜다"
_가장 무서웠던 안기부에서 20일간 이야기

1.

민주화와 관련한 또 다른 착각은 민주화의 강도에 대한 것이다.

1970년대 민주화 운동을 했던 선배들의 이야기를 들어보면, 가장 무서운 것은 '(매를) 맞는 것'이다. 학생들은 실제로 목숨을 걸고 독재정권과 싸운다고 생각했다. 따라서 징역을 사는 것은 어느 정도가 각오하고 있었다. 1975년 민청학련 관련해서 무기징역을 선고받은 김병곤이 법정에서 "영광입니다."라고 외쳤던 일화는 유명하다. 나도 그랬다. 어차피 인생을 걸고 싸운다고 생각했던 만큼 얼마나 징역을 사는가는 관심 밖이었다.

문제는 수사 과정에 맞거나 고문을 당하는 것이다. 그것이 고통스러운 또 다른 이유는 그 과정에서 동료들의 이름을 알려주며 그

시국 사범 석방. 1988년 12월 오전 10시 공주교도소를 출감한 장기표 씨가 함께 복역하다 먼저 출소한 김근태 씨의 환영을 받고 있다. 1987년 상반기까지 잔인한 폭력과 고문이 자행됐으며, 이후 수사 과정에서의 고문과 폭력은 빠르게 사라졌다. 동아DB

들을 배신해야 하는 까닭이다.

1970년대는 폭력이 일상적이었던 것 같다. 특히 1986년 하반기에서 1987년 상반기에 이르는 시점에 잔인한 폭력과 고문이 자행되었다. 민추협 사건과 관련된 김근태와 문용식에 대한 고문, 권인숙 양에 대한 성폭력, 박종철 고문치사 등 굵직한 사건들이 모두 이시기에 벌어졌다. 개헌을 둘러 싼 정치투쟁이 정점을 치닫던 시점으로, 정권 차원에서 매우 예민하고 날카로웠던 것 같다.

반면 1987년을 거치며 수사 과정에서의 고문과 폭력은 빠르게 사라졌다. 1991년 안기부에 연행된 하태경 국회의원은 수사관들이

박종철군 고문치사, 김수환 추기경 추도미사 집전. 김수환 추기경이 1987년 1월 26일 서울 명동성당에서 박종철 군 추도 미사를 집전하고 있다. 동아DB

수도꼭지를 틀어 놓고 물을 졸졸 흘리며 물고문을 할 것 같은 암시를 주었다고 한다. 그러나 그건 위협이었다. 연행한 학생들이 수사에 적극 응하지 않을 경우에도 후속 고문으로 이어지지는 않았던 것 같다.

1990년대 초반에는 지하조직 사건들이 줄을 이었다. 상황으로만 보면 가장 적나라한 폭력이 자행될 수 있었다. 구학련 김영환, 자민통 구해우가 고문에 가까운 폭력을 당했다는 증언을 들은 적이 있다. 민혁당, 중부지역당, 구국전위 등에서는 그런 문제들이 없었던 것 같다.

1990년대 중반이 되면 폭력이나 고문 등은 극적으로 사라졌다. 안기부를 비롯한 공안기관들이 자백보다는 증거에 입각한 수사로 방향을 선회했기 때문이다.

2.

1987년 6월 민주화 운동의 영향은 깊고 컸다. 서울대 인문대 학생회장을 했던 것을 주변의 많은 사람들이 우호적으로 바라봐 주었다. 특별히 재미있었던 일화는 아버지 친구 분들의 대화이다. 아버지는 이북 출신으로 1·4후퇴 때 월남하여 동대문 시장에서 삶의 터전을 잡았다. 동대문 시장 상인들 상당수가 이북 출신이었다. 그런데 상인들 아들의 상당수가 학생운동에 연루되었다. 내가 학생운동에 연루되자 아버지 또한 "빨갱이~" 운운하며 역정을 내셨다.

놀랐던 것은 1988년쯤 되는 어느 날이었다. 아버지와 친구 분들 사이에 논쟁이 벌어졌다. 아버지와 지인들은 서로 자기 자식이 민주화 운동에 서열이 높다며 실랑이를 벌였단다. 내가 인문대 학생회장이었던 만큼 아버지는 나름 으쓱했다고 한다. 코미디 같은 일화다. 나는 그 이야기를 전해 듣고 친구들과 깔깔대며 웃곤 했다.

노동일을 하는 5살 정도 위의 선배가 있었다. 그는 내게 매우 호의적이었다. 한번은 학생 운동을 하며 심하게 고문을 당한 일이 없냐고 물어 왔다. 사실은 있었다. 1985년 6월 노동쟁의에 연대하는 투쟁 과정에서 몹시 맞았던 기억이 난다. 선배는 보다 구체적으로 묘사해 달라고 요청했다. 선배는 내심 영화에서나 나올 법한 고문 장면을 생각했던 것 같다. 한참을 망설인 끝에 내가 대답했다.

"한 1분 정도 맞았어요."

나는 공장에서 끌려 나오면서 두들겨 맞았다. 나는 지금도 그 장면을 선명히 기억한다. 각목으로 머리 어딘가를 맞아 잠시 정신을 잃었던 것 같다. 각목으로 맞은 시간은 1분 정도이다.

선배는 피식 웃었다. 나는 군대를 가지 않았다. 1987년 11월 집시법 위반으로 2달 정도 형을 살았는데, 군대 소집 면제였다. 따라서 나의 군경력은 1-2학년 때 교련 훈련을 받은 것이 전부이다. 1980년대 중반에서 1990년대 초반까지 운동권 남학생 상당수는 나와 같다.

군복무를 마친 선배가 보기에 내 경험은 하품 나오는 수준이다. 실제로 그랬다. 1990년대 초반 정도면 안기부 등에서 벌어지는 폭력은 상당 부분 사라졌지만, 군대에서는 여전히 심각한 수준의 폭력이 벌어지곤 했다. 전체적으로 보면 1987년 이후가 되면 민주화 운동 과정에서의 폭력은 사회보다 심각했다고 보기 어렵다. 민주화

운동을 회고하면서 운동권 출신들이 하는 무용담은 대부분 과장된 것이다.

3.

1997년 경험도 기억할 만하다. 나는 범민련 남측본부 사무처장으로 1997년 6월경 구속되어 안기부(국가안전기획부 약칭, 1961년 6월 중앙정보부가 창설됐고, 1980년 12월 안기부, 1998년 국가정보원으로 개칭됨)에서 20일, 검찰에서 30일간 조사를 받았다. 재판에서 3년 6개월을 선고받고 2년을 복역한 뒤 1999년 8월 특사로 출소했다.

가장 무서웠던 것은 안기부에서의 20일 간이다. 나는 당연히 두들겨 맞고 고문당하는 광경을 생각했다. 얼마나 버틸 수 있을까 고민되었지만, 스스로 자백하는 일은 없을 것이라고 다짐했다. 평소 혀를 조금 깨물어 수사관의 취조를 늦추겠다고 마음먹고 있었다.

연행이 되고 얼마간의 탐색이 있었다. 그들은 나에 대한 자료를 많이 가지고 있었다. 특히 내가 일본에 전화하던 사진과 녹취록을 갖고 있었다. 그리고 나를 미행하여 나에 대한 상당한 정보를 갖고 있었다. 여기서부터 계획이 어긋나기 시작했다.

나는 안기부가 나에 대해 잘 모르고 구타와 가혹한 취조를 통해 무언가를 얻어내려 한다고 생각했다. 반면 안기부는 나에 대해 많은 것을 알고 있어, 굳이 구타할 이유가 없었다. 내가 대비해야할 것은 혀를 깨무는 연습이 아니라, 증거를 내놓지 않아 수사관들이 나를 연행하는 시점과 의지를 늦추는 것이었다. 수사관들이 내놓은 자료들에는 나와 동료들의 부주의 때문에 생겨난 자료들이 너무 많았기 때문이다.

안기부 조사 첫날 나는 황당한 상황에 직면했다. 밤 10시에서 12시쯤 되자 내곡동 안기부 청사를 나와 서초동 대검찰청 옆에 위치한 서초경찰서로 이동하는 것이다. 공안 기관의 고문은 주로 밤에 이뤄진다. 고문이 없다고 하더라도 공안 기관에 있다는 것은 공포와 긴장의 원인이다. 나는 안기부 차를 타고 내곡동을 빠져 나와 서초경찰서에서 쪽잠을 잤다. 그렇게 안기부에 있던 20일간 낮에는 내곡동에서, 밤에는 서초경찰서에서 잠을 자며 출퇴근 조사를 받게 되었다.

안기부에서 특별한 고문은 없었다. 그러나 나는 언제 무슨 일이 일어나지 않을까 두려움에 떨었다. 밤 9시(또는 10시), 안기부에서 하루 일을 마치고 서초 경찰서로 이동한다. 이제 나는 특별한 일이 없는 한 다음날 아침까지는 아무 일도 없을 것이라고 안도하며 하루를 보냈다.

나는 지금도 가끔 서초경찰서 앞을 지난다. 23년 전 강남의 거리를 뚜렷히 기억한다. 하루를 무사히 마친 깊은 안도감이 공기에 그대로 배어 있었다. 나는 깊고 넓게 발전한 민주화에 감사했다.

4.

1997년 내 생애 2번째 구속에 이어 2003년 3번째 구속되었다. 1997년, 2003년 각각 30일간 검찰 조사를 받았다. 당시 우리들의 관심사는 안기부였다. 안기부에서 고문만 받지 않는다면, 몇 년간 실형을 살든 상관없다는 생각이었다. 그리고 검사는 공부를 잘하는 놈들이 권력에 빌붙어 영혼을 팔아먹는 사람쯤으로 생각했다.

안기부 조사를 무사히 버틴 나는 검찰과 일전을 대비하고 있었다. 만약 내게 반말을 하거나 문제 있는 행동을 하면 일전을 불사할 생각이었다. 나는 은연중 책상을 뒤집어엎을 생각까지 하고 있었다.

조사는 지루하고 단조로웠다. 조사 대부분은 실무자들이 기술적으로 담당했다. 그들은 안기부의 수사 기록을 대조하며 이를 조서로 다시 작성하는데 집중했다. 딱히 내가 할 일이 없었다. 간혹 검사와 마주쳤는데 검사는 나와의 대화를 의도적으로 피했다. 법률적 사건에서 검찰의 권위는 상당했다. 그러나 나는 그걸 부술 마음이었고 검사도 이를 어느 정도 알고 있었기 때문이다.

나는 나름 운동권에서 거물급이었다. 검사는 나와의 일체의 정치적 대화를 자제했다. 재판 과정에서 판사의 태도도 마찬가지였다. 검사와 판사 모두 정치적 견해의 대부분을 무시하고 사실 관계에만 집중했다. 심지어 2003년 구속 때는 사실 관계가 애매하고 내가 이를 부인하면 그 대부분을 공소에서 빼버렸다.

2018년 하반기 조국과 관련해 검찰개혁이 쟁점이 되었다. 나는 친구들과 이야기를 나눌 때 마다 어이없는 광경에 직면했다. 대부분은 검찰 조사 한번 제대로 받아보지 않은 사람들이다. 그들은 1987년 6월 민주 항쟁 과정에서 운동권들이 만든 검찰에 대한 이미지를 차용하여 덮어씌우며 검찰을 악마화하곤 했다.

확장해 설명하면, 민주화를 소재로 한 이야기와 영화, 드라마를 보면 많은 내용은 그야 말로 픽션(허구)이다. 드라마에 등장하는 검사는 사실이 아니다. 객관적인 사실보다는 먼 옛날 형성된 채 업그레이드되지 않는 낡은 검찰 이야기를 반복하고 있다. 많은 일들이 그렇듯이 시대에 맞게 개작되어야 하는데, 어떤 정치세력이 자신의 목적에 따라 정확한 진실을 가로막고 있는 것 같다. 이 책을 써야겠다고 마음먹은 동기 중 하나이다.

5

386의 사회진출, '잃어버린 시간'의 신분 사다리
_집단적 청년시절 회상, 주사파의 영적인 느낌

1.

1995년은 1955년 출생자가 40세가 되었다. 경제가 발전하면서 소득이 늘어났고 청년들은 결혼을 하고 한 집안의 가장(家長)이 되었다. 마이카와 주식 열풍이 불었다. 두터운 중산층이 형성되고 한국경제는 급격히 발전하기 시작했다.

혁명의 시대는 끝났다. 청년들은 이제 사회로 진출했다. 다행스러운 일이다. 그들은 거의 아무런 제지도 받지 않고 사회에 진출했다. 그들은 무사히 고위공직자, 국회의원은 물론 판검사와 문화예술계, 사교육 업계로 진출할 수 있었다.

1989년 서울대 총학생회장으로 전대협 부의장을 지냈던 문광명이 있었다. 그는 86학번으로 전투적이었던 후배였다. 어느 날 '말지'

에 기사가 실렸다. 그가 검사가 되고 싶은데 운동 전력 때문에 검사를 할 수 없다는 내용이었다. 나는 거꾸로 놀랐다. 서울대 운동권이었던 그가 검사가 되느니 마느니 하며 논란을 벌이고 있었기 때문이다. 역으로 말하자면 사법시험을 보고 변호사가 되는 데에는 아무런 지장이 없었던 것이다.

1980년대 중후반 우리 모두는 노동운동가와 혁명가를 지향했다. 나도 1989년-1991년 무렵 공장노동자로 일했다. 서울 인근의 공장 지대에는 나 같은 대학생들로 가득 찼다. 서울 독산동 조그만 공장에 다닐 때였다. 10여 명 정도 되는 작은 공장이었는데, 학생운동권 출신만 3-4명이었다. 1987년 6월 민주화운동, 1991년 사회주의권 붕괴와 함께 학출(대학생 출신)들이 썰물처럼 공장을 빠져 나왔다. 그들은 잃어버린 시간을 만회해야 했다. 이들 대부분은 주요 대학 학생들이었다. 사법고시(사법시험(1963-2017)이 정식 명칭이지만, 사법시험의 전신이 '고등고시 사법과' 이어서 많은 사람들이 그렇게 불렀다. 잘못된 언어 관습이다. 이후 법학전문대학원(로스쿨) 및 변호사 시험 제도로 대체되었고, 오늘에 이르고 있다.)는 그들에게 맞춤형 신분 사다리였다. 마침 사법고시도 이전에 비해 훨씬 쉬웠다. 그들은 사법고시를 통해 잃어버린 시간을 단번에 되찾았다.

매년 운동권의 다양한 동창회가 있었다. 누군가 보이지 않으면 그는 사법고시를 준비하고 있을 가능성이 컸다. 그리고 사법고시에 합격하면 동창회에 다시 나타나곤 했다. 나는 학원 선생이다. 2000

년대 이후 진학과 취업은 살인적인 노력과 경쟁을 동반한다. 반면 1990년대 한국은 그야말로 별천지였다. 2000년대라면 잠깐의 실수는 물론 약간의 안주도 치명적인 결과를 가져온다. 반면 1990년대에는 심각한 지체를 만회할 기회가 폭넓게 주어졌다. 그렇게 그들은 교수가 되고 변호사가 되고 국회의원이 되었다.

2.

나에게 특별한 기억은 김대중과 김우중이다. 김대중은 운동가들에 대한 각별한 애정을 보인 것으로 유명하다. 나는 1987년 대통령 선거 유세장에서 김대중이 유세과정에서 문익환과 김근태를 거명하던 장면을 기억한다. 김대중은 1996-2004년 전대협 출신 운동가들을 물심양면으로 지원하고, 그들이 정치에 입문하는 것에 힘이 되어 주었다. 운동가들이 유력한 정치인이 되려면 '죽음의 문턱'을 넘어야 한다. 기업의 경우 이 시기를 넘길 수 있는 자금과 기술 지원이 없으면 중견 기업으로 성장하기 어렵다. 정치도 마찬가지다. 아마도 김대중과 노무현이 없었다면, 386 정치인이 지금처럼 정계에 등장하기 어려웠을 것이다.

김우중은 특별한 실험을 했다. 대우그룹에 학생운동 출신을 특별채용 한 것이다. 김우중은 운동권 출신들이 갖고 있는 사상이 아니라, 그들의 가능성을 높이 보고 대거 채용했다. 이 때 대우그룹에 들어간 학생운동 출신 중에서 내가 아는 사람만 최소 5명이 넘는다.

김대중과 김우중이 특별했던 건 아니다. 기성세대는 전반적으로 운동권 학생들의 사상에 동의하지 않았지만 그들이 다음 세대를 이끌 후대로 보고 너그럽게 봐 주었다.

아버지와 어머니도 그랬다. 어머니는 평안도 출신이었는데 친척 오빠들이 좌익 사상에 연루되어 있었던 것 같다. 어머니는 "똑똑한 사람들이 많이 그랬다."며 사회주의 사상에 너그러운 태도를 보여주었다. 그럼에도 경험적으로 사회주의자들이 많은 문제를 일으켰다고 하면서 내가 나이가 들면 사회주의 사상에서 벗어날 것으로 생각하셨다.

많은 사람들이 그랬다. 그들 모두는 똑똑한 청년들이 한 때 사회주의 사상을 가질 수 있고 기성세대가 되면 달라질 것으로 보고 있었다. 사회는 운동권 학생들을 너그럽게 보고 있었다.

3.

불행하게도 그렇지 않았다. 사회가 변했지만 학생들의 마음은 변하지 않았다. 그들은 1990-2000년대를 1980년대의 마음으로 살아가고 있는지 모른다.

유튜브를 통해 이런 장면을 쉽게 볼 수 있다. 민주동문회, 결혼식장, 송년회 뒤풀이 장소에서 그런 일들이 벌어진다. 그들은 '님을 위한 행진곡', '동지가', '전대협 진군가'를 부르며 그들의 청년 시절을 집단적으로 회상하거나 아예 영화를 만들어 더 큰 규모로 과거를 추억한다.

여기서부터는 심리학의 영역이다. 나는 NL을 버린 지 오래되었다. 그와 나 그리고 우리가 NL이 되고 PD가 된 것은 정치학 교과서를 보며 이론적으로 그렇게 된 것이 아니다. 우리 모두는 선배와 친구들 사이에서 그들과 우정을 나누며 그렇게 되었다. NL을 추억하는 장면 마다 그들과의 추억이 녹아 있다. NL에는 더 어릴 적 사람마다 갖고 있는 반골기질, 선민의식 등과 깊이 연관되어 있다. 따라서 이론적으로 NL이 아니게 된 것과 NL의 추억을 기억하는 것은 다른 문제인 듯하다.

1997년 전주 교도소에 있었다. 일상이 따분하기도 하고 기독교를 알고 싶어서 종교 집회에 참여했다. 30대 초반쯤 되었을 무기수 몇 명이 찬송가를 부르기 시작했다.

"반드시 내가 너를 축복하리라 / 반드시 내가 너를 들어 쓰리라/
천지가 변해도 나의 사랑은…."

으로 이어지는 찬송가였다. 30대 초반의 무기수가 부르는 노래는 참으로 신비하고 황홀했다. 나는 그 때 이후로 기독교와 주체사상이 비슷하다는 생각을 많이 한다. 마르크스주의가 이론적이라면 주체사상은 그야말로 영적이다.

나는 나도 모르게, 정말 나도 모르게 전대협 진군가를 부를 때가 있다. 나는 1990년 어느 날 수배를 뚫고 나타난 전대협 의장(송갑석)을 지켜봤고 수 천 명이 그와 함께 전대협 진군가를 불렀던 기억이 내 마음속에 선명히 남아 있다. 수 천 명이 함께 " ~ 아아 전대협이여 우리의 자랑이여"으로 이어지는 전대협 진군가를 생각해 보라. 주사파를 이해하려면 책을 보지 말고 이들이 함께 노래하는 장면을 보는 게 좋다.

돌이켜 보면 나는 주체사상의 수령론에 동의한 적이 없다. 수령론에 동의하지 않았다면 주사파라고 보기 어려운 것이지만 나는 주사파의 조직과 활동에 오랫동안 깊이 개입했다. 1990년대 이후에는 주사파의 농업적 분위기와 현대화되는 한국사회 사이에 괴리를 심각하게 느꼈다. 그럼에도 나는 좀처럼 주사파를 떠나지 못했는데, 동료들과 투쟁현장에서 느끼는 영적인 느낌 때문이었는지 모른다.

주사파를 우습게 보는 지식인들이 있다. 그것은 기독교를 가볍게 보는 것처럼 우스운 일이다. 인간은 본질적으로 영적인 존재이다. 주사파는 그것을 교묘히 파고 들어 청년대중 일부에 강력한 영향을 미쳤다.

4.

기억을 끊임없이 되새기며 과거를 환기하는 것과 새로운 시대에 적응하는 것은 다른 문제이다. 386(나이가 30대면서 1980년대에 대학을 다녔고, 1960년대에 태어난 세대를 가르킨다. 지금은 이들 세대가 50대이어서 586으로 불린다.)이 그러하다. 내 생각이지만 386은 한국 역사에서 위정척사에 가장 가까운 집단이다. 심지어 그들과 이데올로기적으로 경합했던 아버지, 어머니 세대와 비교해도 그렇다.

아버지와 어머니는 변화에 민감한 세대였다. 그들은 전쟁과 분단을 거치며 세상에 영원한 것 없다는 경험적 확신을 갖고 있었다. "왕후장상의 씨가 따로 있는가?"라고 부르짖으며 전통 세대와 근본적으로 결별했던 세대이다. 반면 386은 영원불멸이나 그것의 정치적 버전인 지조와 신념을 믿었던 세대이다. 그들은 누구보다 변하는 것을 경멸했고 일관성을 중시했다.

1990년대가 되었다. 혁명과 열정의 시대는 끝났다. 그들은 재빨리 손익계산을 마치고 그들이 취할 것과 그들이 버릴 것을 취사, 선택했다. 그들은 1990-2000년대 한국 자본주의가 만들어낸 거대한 부를 취했다. 반면 그들이 1980년대 중후반 간직했던 사상과 철학은 교묘히 남겨 두었다. 그리고 다양한 뒤풀이에서 집단적인 공유를 통해 그것을 이어오고 있다.

유튜브를 보는 것이 좋다. 민주동문회, 무슨 추모행사, 심지어 청와대 집무실에서 운동권 노래가 울려 퍼지곤 한다. 그것은 청년 시절을 환기하고자 하는 일종의 제사행위이다. 지금은 존재하지도 않는 진부한 과거에 대한 넋두리이다.

6

386 역사의 전면에, 비전과 대안 없이 등장

_산업화 세대는 물리적 나이로 쓸쓸하게 퇴장

1.

2005년은 1955년생이 50세가 되는 해이다. 이제 386은 사회의 중역이 된 것이다. 반면 386 세대와 이데올로기적으로 경합했던 산업화 세대는 물리적으로 사회에서 퇴장했다. 나의 아버지와 어머니가 그랬다. 아버지와 어머니는 이북이 고향으로 1·4후퇴(한국전쟁 때 압록강과 두만강 유역까지 북진했던 유엔군이 중국군의 공세로 1950년 11월 말부터 1951년 1월 사이에 서울의 이남 지역까지 철수한 사건. 수많은 피난민 발생함) 때 월남해서 서울 동대문 시장에 정착했다. 2010년 어머니가 돌아가셨을 때, 어머니의 친인척 어른들이 단 한분도 문상을 오지 않았다. 모두가 돌아가셨거나 거동을 할 수 없는 상태이기 때문이다.

2005년 1955년생이 50세가 되었다는 것은 그런 의미였다. 그
들과 사상적으로 경합했던 앞 세대들이 물리적으로 사라졌기 때문
에 이제 그들이 세상의 주인이었다. 보통 세상의 주인이 되었다는
것은 이전 세대가 갖고 있던 생각과 문화, 사상과 제도와 맞서 싸워
이겼다는 것을 의미했다. 문화인류학에서 들려주듯이, 원시 사회에
서 10대가 된 소년들은 다양한 의식을 통해 힘과 용맹을 과시한다.
이 과정을 거치면 그들은 부족의 일원 또는 우두머리가 되는 자격
을 얻는다. 386의 입장에서 2005년이 그런 해인 셈이다.

2.

2008년 봄 집권한 지 몇 개월 되지 않은 이명박 정부를 상대로
누가 주인인가를 확인하는 것 같은 거리투쟁이 벌어졌다. 우리는
이를 '광우병 시위'라고 한다. 나는 투쟁의 현장에 있었다. 투쟁 전
반을 기획하고 조직하는 역할을 맡았다. 서울광장은 유모차를 타고
온 가족들로 가득 찼고, 그들 대부분은 노련하고 조직적이었다. 무
려 한 달 이상 그들은 서울광장을 완전 장악했다.

서울광장의 시위를 지켜보면서 짙은 의문을 갖고 있었다. 2008
년 5월이면 이명박 정부가 들어선 지 3-4개월이 되는 시점이다. 반
면 시위대의 구호는 탄핵이었다. 이제 3개월 된 대통령을 탄핵한다
는 것은 납득하기 어려웠다.

광우병도 그러했다. 나는 광우병 관련 내용을 판단할 역량이 없

2008년 광우병 시위. 2008년 5월 2일 미국산 쇠고기 수입에 대한 반대 여론이 계속되고 있는 가운데 서울 청계광장에서 시민과 학생, 퇴근길 직장인들이 쇠고기 수입 반대 집회를 열고 있다. 동아DB

었다. 운동권 교수나 지식인들을 믿었다. 그에 기초하여 성명서를 쓰고 집회를 기획했다. 몇 년이 지난 2010년대 어느 시점 미국산 쇠고기의 수입액이 연간 1조 원이라는 기사를 읽게 되었다. 너무도 이상한 것은 누구도 2008년 우리가 주장했던 내용의 진실 여부를 묻지 않는다는 사실이다.

다른 것도 마찬가지였다. '이명박 대통령이 싫다'는 것은 알겠는데, 주장의 내용들은 납득하기 어려웠다. 4대강 사업, 공공요금 인상 등 모든 것이 그러했다. 결국 시위 전체를 관통했던 것은 쪽수(시위 참여 숫자)와 정서였다. 시위대를 장악했던 감정은 이명박이 마음에 들지 않는다는 것이다. 사실 이것보다 중요하고 본질적인 것은 없었다.

수사자 1마리와 암사자 여러 마리가 하나의 그룹을 만든다. 어린 수컷이 나이가 들면 무리의 대장을 놓고 청년 수컷과 대장 수컷 사이에 싸움이 벌어진다. 대장 수컷이 당장 이길 수 있어도 청년 수컷에게 왕좌를 내주는 것은 시간의 문제이다. 근본적인 것은 시간이다. 그럼에도 이유는 있어야 한다. 사람들은 이런저런 이유를 붙여 대장 수컷의 시대가 끝나야 함을 역설한다. 이를 후대의 사람들이 신화와 이념(이데올로기)으로 포장하게 된다.

2008년에도 그런 일이 벌어졌다. 문제는 청년 수컷이 그것을 미화, 포장하려는 노력도 없이 '그냥 싫고 너희들은 사라지라'고 주장한 것이다.

박근혜 대통령이 그랬다. 청장년이 보기에 박근혜의 말투는 너무 느리고 지루했다. 그들은 수준 이하의 사람이 대통령이 되었다고 생각했다. 그러나 그것은 그들의 생각일 뿐이다. 노령층의 입장에서는 박근혜의 말투는 나름 적당하고 친근했다. 비극은 청장년의 숫자와 기세가 노인 세대를 압도했다는 점이다.

선거였다면 그나마 게임이 되었다. 2012년 고령층은 청장년층에 맞서 자신의 투표권을 효과적으로 행사하여 승리를 쟁취했다. 그러나 거리의 배틀필드(battlefield, 싸움터)라면 상황이 달라진다. 청장년층은 엄청난 기세로 탄핵 정국 상황을 압도했다. 2008년 광우병에서 2017년 탄핵을 관통한 것은 시대의 주인으로 부상한 40-50대의 영역 확인이다.

2017년 우리가 '촛불 항쟁'이라 부르는 거대한 거리 시위가 벌어졌다. 이 시위를 특징지은 것은 투쟁의 규모와 폭이었다. 압도적인 다수의 대중이 참여했고, 흔히 기득권이라 불리는 사람들의 저항은 극히 미미했다. 거대한 운무가 걷히고 실상이 드러나기 시작했다. '왜 박근혜가 탄핵되어야 하는가?'에 대한 이유가 빈약했다. 사람들은 빈약한 공백의 논리를 메울 판타지가 필요했다. 7시간 유고, 인신공양과 같은 믿기 어려운 이야기들이 횡행했다. 우여곡절을 거쳐 사실이 아닌 것으로 판명되었다. 역시 사실을 확인하려는 노력은 없었다. 상황이 정리된 시점에 그것을 다시 들춰낼 이유가 없기 때문이다. 중요한 것은 박근혜가 대통령이 아니라는 사실이기 때문이다.

보다 심각했던 것은 시위를 주도했던 사람들이다. 그들은 마땅히 그들이 만들고 싶은 나라와 사회에 대한 비전을 준비했어야 했다. 2017년 촛불이 혁명이 아니라 단순한 세력 교체인 이유는 새로운 사회에 대한 비전과 전망이 원천적으로 결여되어 있기 때문이다. 그들은 그저 나이가 들어 앞선 세대를 대체한 것이다.

3.

비슷한 시기 쟁점이 되었던 한미 FTA(자유무역협정) 반대투쟁과 베네수엘라 사태도 비슷하다. 나는 한미 FTA 반대 범국민운동본부 정책팀장이었다. 다양한 정치적, 정책적 쟁점을 다루기 위해 다양한 보고서 등을 읽곤 했다. 당시에는 삼성경제연구소가 내는 보고서들이 인기를 끌었다. 세리(SERI)라는 애칭으로 불리며 연구소가 내놓은 다양한 아티클(짧은 논문)을 즐겨 읽곤 했다.

한미 FTA 반대의 기저에는 한미 FTA를 강행하면, 한국이 미국의 식민지가 된다는 생각이 깔려 있었다. 당시 반대 운동을 주도했던 시민 단체의 핵심 이론가였던 이해영 교수가 낸 책 제목은《한미 FTA, 낯선 식민지》였다. 여기서 식민지는 식민지가 된다는 의미라기보다는 뭔지 알 수 없는 큰 일, 돌이킬 수 없는 파국이 벌어진다는 뜻이다. 1987년 무렵 운동권 전체가 공유했던 대회전과 같은 말이다.

한미 FTA 반대 운동은 NL과 PD, 시민 단체로 분화, 발전해 온 운동권을 모두 규합했다. 먼저 NL이 대거 참여한 이유는 타도의 대상이 미국이기 때문이다. 미국이 아니라 유럽, 한-EU FTA이었다면 NL은 별 관심을 가지지 않았을 것이다. NL은 농민운동에 강력한 대중적 지반을 갖고 있었다. 농축산 의제는 한국이 불리한 내용이었다. 따라서 NL이면서 농민이기도 한 농민운동이 한미 FTA 투쟁의 주역이었다.

시민 단체나 PD 또한 대거 결합했다. 1987년 이전 운동권의 다양한 정파를 기저에서 관통하는 논리는 신식민지이다. 1945년 2차 대전이 끝나고 3세계가 대거 들어섰다. 신식민지론은 이들 나라들이 다양한 차이에도 불구하고 식민지의 다른 변종일 뿐이라는 것이다. 운동권을 NL과 PD 등으로 구분하지만 그것은 신식민지론에서 파생된 지류일 뿐이다.

1987년 6월 민주화운동이 끝나고 다양한 경향들이 분화되었다. 그러나 그들 모두가 한미 FTA 국면에서 이해영 교수의 주문과 같은 문구인 '낯선 식민지'에 빠져들었다. 결론을 말한다면 그들 모두가 1987년 6월에서 벗어나지 않았던 것이다.

나는 정책팀장으로 시위를 기획하는 것은 물론 각종 자료를 취합하고 문서를 작성하는 일을 맡았다. 지금도 눈에 선한 것은 삼성경제연구소 자료에서 삼성전자의 매출액과 영업이익 규모가 일본 전자회사 전체를 합한 것보다 많다는 내용이었다. 삼성전자를 매판

자본쯤으로 보는 관성이 무색해지는 순간이었다.

기획재정부가 보내온 문서를 읽다가, '소비자 후생'이라는 대목에 눈이 머물렀다. 민족자립경제에 익숙한 내게는 낯선 단어였다. 사실 낯선 단어는 아니다. 고등학교 때 이미 아담 스미스나 리카도와 같은 고전경제학을 배운 바 있다. 단지 NL에 깊이 포박되어 그것에 배치되는 다양한 주장들을 받아들일 여지가 없었던 것뿐이다.

2000-2020년 미중이 주도하는 글로벌 호황이 세계 경제를 주도했다. 그 와중에서 한국의 대기업이 약진하며 오늘의 한국이 되었다. 따라서 한미 FTA 반대라는 기조는 잘못된 내용이다. 문제는 한미 FTA 반대라는 주장이 2000년대 초반 시점을 배경으로 만들어진 주장이 아니라, '신식민지', '낯선 식민지'와 같은 1980년대 운동권에 뿌리를 두고 있다는 점이다.

4.

베네수엘라에 이르면 상황이 더욱 심각했다. 차베스가 시행한 급진 민주주의와 사회보장 정책에 대해 운동권 거의 대다수가 열광적인 반응을 보였다. 차베스와 베네수엘라를 찬양하는 책들이 넘쳐났고, 성지를 찾듯 베네수엘라를 방문하는 사람도 있었다. 나도 그랬다.

베네수엘라와 차베스는 역시 운동권의 뿌리와 닿아 있다. 일단 미국과 맞서고 있다는 점이 그랬다. 만약 미국이 아니라 영국이나 프랑스였다면 관심조차 없었을지 모른다. 사회주의를 표방한 점도 그랬고, 직접 민주주의를 표방하며 일진일퇴하는 형국도 닮았다.

베네수엘라와 차베스는 반미, 사회주의, 직접 민주주의라는 향수를 자극했다. 1980년대 청년 시절을 긍정적으로 평가하고, 교수, 변호사, 지식인이 되어 그것을 재현하고 싶은 중년의 욕구와 맞아 떨어졌기 때문이다.

5.

2005년 무렵 베이비붐 세대의 맏형인 1955년생이 50세가 되었다. 그들은 산업화 세대를 물리적으로 대체하며 세상의 주인이 되었다. 2008년 무렵 그들은 세상에 대한 그들의 입장과 견해를 밝혀야 했다. 불행히도 그들이 광우병, 한미 FTA, 베네수엘라에서 꺼내든 것은 1980년대 중반 이미 실패한 것으로 확인된 낡은 주문이었다. 구 시대의 주문은 2009년 노무현 사망을 계기로 팬덤과 음모로 얼룩진 기이한 스토리가 되어 한국사회를 휩쓸고 있다. 광우병이 되었든 한미 FTA가 되었든 그나마 그건 현재의 이야기다. 그러나 2009년 노무현 사망 이후에는 역사, 팬덤, 음모가 담론을 대체했다. 때 아닌 일제 독립운동 이야기가 판을 치는 가운데 낯 간지러운 레토릭들이 세상을 어지럽혔다. 세월호 참사[13]와 천안함 피격[14]과 관련된 음모론이 집요하게 세상을 두 세력으로 갈라놓았다.

2017년 촛불이 있었고 2018년 문재인 정부가 들어섰다. 베이비붐 세대의 관점에서 보면 그들이 세상을 잡았다. 인구의 관점에서 이 과정을 기술한 이유는 그것이 세상에 대한 비전과 대안을 통해 이뤄진 것이 아니라, 그냥 세월의 흐름과 인구가 많은 이유로 그렇게 되었다고 보기 때문이다.

---

13 세월호 참사. 2014년 4월 16일 인천에서 제주로 향하던 여객선 세월호가 진도 인근 해상에서 침몰하면서 승객 304명이 사망·실종된 대형 참사. 이 사고로 전체 탑승자 476명 중 172명이 생존했으며, 제주도로 수학여행을 떠난 경기도 안산시 단원고 2학년 학생 325명이 탑승해, 어린 학생들의 피해가 컸다.

14 천안함 피격. 1987년 건조되어 1999년 6월 15일 제1차 연평해전에도 참가했던 역전의 초계함 천안함이 2010년 3월 26일 21시 22경 북한 잠수함의 어뢰공격으로 침몰된 참사. 당시 북한의 불법 기습공격으로 이창기 준위를 비롯한 46명의 젊은 용사들이 희생되었으며, 구조과정에서 한주호 준위가 순직함.

"아! 나의 조국." 1987년 6월 26일 부산 문현로타리 시위현장에 웃통을 벗은 한 청년이 두 팔을 들고 뛰쳐 나온다. "최루탄을 쏘지 말라!"며, 경찰의 최루탄 발사를 온몸으로 저지하고 있다. 고명진 기자는 본능적으로 셔터를 눌렀다. 이 한 장의 사진이 아, 나의 조국'은 1980년대 민주화운동, '6월 민주항쟁'의 상징적인 보도 사진이다. 1999년 AP통신은 20세기 100대 보도 사진으로 선정했다. 이날 '박종철 열사의 추모 타종식 겸 국민평화대회'가 열렸으며, 이후 문현로타리는 민주화 운동의 상징적 거리가 된다. 1987년 1월 박종철 고문사건, 4·13 호헌 조치, 6·10 민주 항쟁으로 이어지며, 6·29선언을 이뤄냈다. 2021년 현재까지 '87체제'라 불리는 6공화국 헌법이다. 대통령 직선제의 즉각 수용, 김대중의 사면·복권, 양심수 전원 석방, 언론자유 보장, 지방자치제 실시, 대학 자율화 등 6개항을 담은 6·29선언은 당시 충격적인 내용이었다.

©고명진(영월미디어기자박물관장), 1987.6.26. 취재 당시 한국일보 기자

86세대 민주주의
-민주화운동과 주사파 권력의 기원

초판 1쇄 인쇄	2021년 9월 8일
초판 1쇄 발행	2021월 10월 6일

지은이	민경우
펴낸이	황윤억

주간	김순미
편집	황인재
경영지원	박진주
발행처	인문공간/(주)에이치링크
등록	2020년 4월 20일(제2020-000078호)
주소	서울 서초구 남부순환로 333길 36(해원빌딩 4층)
전화	마케팅 02) 6120-0259, 편집 02) 6120-0258	팩스 02) 6120-0257

값은 뒤표지에 있습니다.
ISBN 979-11-971735-4-7 03340

열린 독자가 인문공간 책을 만듭니다.
독자 여러분의 의견에 언제나 귀를 열고 있습니다.
전자우편 gold4271@naver.com
영문명: HAA(Human After All)